학생중심수업

교육과정을 디자인하다

학생중심수업, 교육과정을 디자인하다

(행복한 수업을 만드는 프로젝트수업, 교육과정 성취기준, 그리고 평가와 교육과정 매핑의 모든 것)

[행복한 교과서®] 시리즈 No. 50

지은이 ┃ 최무연
발행인 ┃ 홍종남

2020년 7월 7일 1판 1쇄 발행
2020년 12월 3일 1판 2쇄 발행
2021년 7월 7일 1판 3쇄 발행
2022년 8월 15일 1판 4쇄 발행
2024년 11월 13일 1판 5쇄 발행 (총 7,000부 발행)

이 책을 만든 사람들
책임 기획 ┃ 홍종남
북 디자인 ┃ 김효정
교정 교열 ┃ 주경숙
출판 마케팅 ┃ 김경아
제목 ┃ 구산책이름연구소

종이 및 인쇄 제작 파트너
JPC 정동수 대표, 천일문화사 유재상 실장

펴낸곳 ┃ 행복한미래
출판등록 ┃ 2011년 4월 5일. 제 399-2011-000013호
주소 ┃ 경기도 남양주시 도농로 34, 부영e그린타운 301동 301호(다산동)
전화 ┃ 02-337-8958 팩스 ┃ 031-556-8951
홈페이지 ┃ www.bookeditor.co.kr
도서 문의(출판사 e-mail) ┃ ahasaram@hanmail.net
내용 문의(지은이 e-mail) ┃ twolions@naver.com
※ 이 책을 읽다가 궁금한 점이 있을 때는 지은이 e-mail을 이용해 주세요.

ⓒ 최무연, 2020
ISBN 979-11-86463-50-5
〈행복한미래〉 도서 번호 081

학생중심수업, 교육과정을 디자인하다

최무연 지음

'함께하는 교육, 100년의 약속'을 위한 행복 교육 프로젝트

행복한미래

동.병.상.련, 학생중심수업을 만나다

"선생님, 이거 왜 해야 해요?"

모처럼 큰맘 먹고 준비한 수업을 야심 차게 진행할 때면 귀찮다는 듯 짜증 섞인 말투로 이런 질문을 던집니다. 가끔은 제가 먼저 "우리는 왜 이걸 배울까요?"라고 묻는데 그때마다 예상을 벗어나지 않고 '학생 대답 3종 세트' 중 하나의 답이 돌아오지요.

"몰라요."

"그냥요."

"선생님이 시켰잖아요."

학생들의 이런 반응을 볼 때마다 생각합니다.

'수업을 학생중심수업으로 바꾸긴 바꿔야 하는데….'

교사의 아픈 손가락 학생중심수업!

'학생중심수업'은 교사라면 가장 흔하게 듣는 말 중 하나일 것입니다. 수업에 관한 이야기를 꺼낼 때마다 빠지지 않고 등장하지만, 꼭 해야만 하는 걸 알고 있으면서도 쉽게 되진 않는 교사의 아픈 손가락이랄까요. 이런저런 이야기는 넘쳐나지만 실제로 학생중심수업을 만나기란 쉽지 않습니다. 막상 하려고 해도 구체적으로 뭘 어떻게 해야 하는지 막막하고, 실천 사례를 찾기도 어렵습니다. 그래서 늘 마음속에만 있던 학생중심수업에 대한 현실적이고 구체적인 이야기를 시작하려고 합니다.

교육과정-수업-평가가 온전한 학생중심수업

『학생중심수업, 교육과정을 디자인하다』라는 책 제목에서 알 수 있듯이 단지 '수업'에만 머무는 것이 아니라 교육과정-수업-평가의 이론부터 실천까지를 이 책 안에 담으려고 노력했습니다. 특히 수업과 비교해 상대적으로 소홀하게 여겨졌던 '교육과정'과 '평가' 부분을 대폭 강화했습니다. 교육과정의 시작인 성취기준부터 교육과정 문해력과 교육과정 매핑, 교육과정 실행과 관리에 이르기까지 교육과정의 모든 것을 다루었습니다. 또한 '수업은 잘할 수 있는데, 평가는 조금 어렵다'라고 생각하던 선생님이라면 평가의 기초부터 실전까지를 구체적으로 볼 수 있는 좋은 기회가 될 것입니다.

이 책은 동병상련의 마음으로 썼습니다. 가슴 한편에 박힌 응어리처럼 답답했던 학생중심수업에 대한 갈증과 어떻게 실천할지 모르는 막막함을 교사의 눈으로 바라보았습니다. 교사의 눈으로 이론을 제시했으며, 교사의 눈으로 실천했습니다. 교사로서 가지는 현장성을 강화하고, 이론에도 소홀하지 않았습니다. 교사 입장에서 현실적으로 실천 가능한 방법을 찾아보려고 했습니다. 그동안 교사가 알아야 했지만 몰랐던, 꼭 알고 싶었지만 어디서도 답을 찾지 못하던 교육과정-수업-평가에 대한 해답을 제시했다고 생각합니다. 아무쪼록 이 책이 교육과정-수업-평가를 온전하게 실천하고자 하는 선생님들께 좋은 돌파구가 되기를 바랍니다.

최무연

차례

1부
교사들이여, 학생중심수업을 탐하라

2부

학생중심수업,
프로젝트 수업이라는 플랫폼을 만나다

3부

교육과정 성취기준으로 학생중심수업을 설계하다

4부
교사의 아픈 손가락, 평가의 길을 찾다

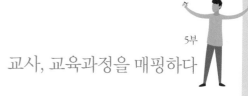

7부

완전학습에 도전하라!
지식 없이는 수업도 없다

8부

교사의 전문성을 완성하는 학생중심수업 솔루션

1부

교사들이여,
학생중심수업을 탐하라

1

교사에게
맞는 학교는 없다

'학교를 그만두느냐? 학교에 적응하느냐? 그것이 문제로다!'

교직에 발을 들여놓은 첫날, 뭔가 잘못되었다는 생각이 들었습니다. 제가 생각했던 학교와 너무 달랐거든요. 다 제쳐놓고 생각해도 너무 바쁘다는 게 문제였습니다. 각종 업무가 쏟아져 업무만 없으면 무엇이든 할 수 있을 것 같다는 기분이 들 정도였는데, 그도 그럴 것이 '수업'이라는 본질에 매달리는 게 아니라 정말 학교에 '일하러' 가고 있었으니까요. 자연스럽게 저는 학교에 적응하지 못했고 점차 '투덜이'로 변해갔습니다.

불만에 가득 차 있던 어느 날, 분교에 가면 업무는 본교에서 다 해주고 수업에만 집중할 수 있다는 소문을 들었습니다. 지원하지 않을 이유가 없었죠. 가서 보니 분교는 분교 나름대로 어려움이 있더군요. 처음 맞닥뜨린 것은 '복식수업'이었는데, 한 학년도 감당하기 어려운 초짜 교사에게 복식수업은 넘을 수 없는 벽으로 다가왔습니다. 학생 수가 문제가 아니라 2개의 학년을 담당하는 건 능력을 초과하는 일이었기 때문입니다. 그나마 복식수업은 어느 정도 예상했던 거라 견딜 수 있었는데, 더 큰 문제는 '작은 학교 통폐합'이라는 전혀 생각지도 못한 소용돌이에 휘말리면서부터였습니다. 교육청에서는 폐교를 원했고, 학부모는 폐교 찬성파와 반대파로 나뉘어 갈등했습니다. 매일 폐교를 두고 공청회를 열었고, 이를 위한 준비는 모두 교사의 몫이었습니다. 무엇보다 힘든 것은 지역주민들과 교육청과의 갈등, 지역주민과 지역주민 간의 갈등 한가운데에 놓여 있었다는 점입니다. 결국 분교에서 2년을 겨우 채우자마자 다른 학교로 옮겼고, 그렇게 저의 '학교 방랑기'가 시작되었습니다.

어쩜 그렇게 학교 복이 없는지 제가 가는 학교마다 많은 문제가 있더군요. 이 학교는 이래서 문제고, 저 학교는 저래서 문제였습니다. 소문에 어떤 지역은 훨씬 더 개방적인 데다가 교사의 자율성을 존중해준다는 이야기가 들리면 바로 그 학교로 옮겼습니다. 그렇게 저는 나에게 맞는 학교, 더 좋은 학교를 찾아다녔습니다. 심지어는 해외에까지 눈을 돌려 중국 학교에서 근무하기도 했습니다. 결과적으로 저는 교사 경력 25년에 무려 10여 개 학교를 경험하게 되었습니다.

국내부터 해외까지 많은 학교를 옮겨 다닌 후에, 정말 갈 데까지 가 본 후에 내린 결론은 '세상에 나에게 맞는 학교는 없다'는 것이었습니다. 세상의 어떤 학교도 나를 위해 존재하지 않으며, 나에게 맞추어주지 않는다는 것을 그 많은 학교를 거치고 나서야 깨달은 것입니다. 결론이 이렇게 나자 이제는 결정의 시간이 다가왔습니다. 학교를 그만두거나 아니면 학교에 적응하거나. 저는 이 2가지를 놓고 심각하게 고민했습니다. 하지만 학교를 그만두는 게 말처럼 간단한 일이 아니었고, 이러지도 저러지도 못한 채 학교에 대한 불평불만이 가득 찬 하루하루를 보내게 되었습니다.

그러던 어느 봄날입니다. 그날도 짜증을 가득 품은 채 자동차로 출근하고 있었습니다. 공개수업이 있는 날이라 특히 더 신경 쓸 것이 많았고, 학교에 대한 불만도 최고조였지요. 이런저런 준비 때문에 평소보다 일찍 출근하는데 라디오에서 이런 말이 들려왔습니다. '잠깐만, 우리 함께 해봐요'로 시작하는 짧은 이야기였는데, 인생의 목표를 달성하기 위해 노력하라는 흔한 내용이었습니다. 그런데 그 실천 방법이 재미있더군요. '결심이 섰으면 그것을 달성하기 위해 일정 기간을 정해서 그 시간만은 다른 것을 포기하고 오직 자신의 목표를 위해 노력하라'는 것이었습니다. 그러면서 대학원을 예를 들었습니다. 만약 대학원을 다닌다고 가정하면 대학원을 다니는 그 기간만큼은 일상의 다른 것은 모두 잊고 온 정성을 쏟아 그 시간 동안 최선을 다하라는, 그렇게 일정 기간 자신의 목표를 이루기 위해 최선을 다할 수 있다면 그것이 인생의 마디가 되어 결국은 자신이 생각한 것을 이룰 수 있을 것이라는 이야기였습니다. 무엇을 어떻게 해야 할지 몰라 방황하던 저에게 라디오에서 나오는 그 이야기는 신선한 자극이 되었습니다. 특별한 말은 아니었는데 당시에는 제가 처한 상황과 딱 맞아떨어졌는지 큰 깨우침으로 들어오더군요.

'그래, 이거야!'

그날로 저는 저만의 대학원을 만들었습니다. 이름하여 '최무연 대학원!'

'그래, 나는 이제부터 대학원생이다. 2년만 열심히 하자, 딱 2년만! 만약 2년이 지났는데도 이곳이 아니라고 생각되면 그때는 정말 그만두자. 최선을 다했다는 나 스스로에 대한 명분은 쌓은 거니까 후회는 없겠지.'

그렇게 저는 '최무연 대학원'을 만들고 본격적으로 수업을 연구했습니다. 낮에는 수업해야 하니 자연스럽게 '야간 대학원생'이 되어 가장 늦게 퇴근했고, 주말에는 '주말 대학원생'이 되어 수업 연구를 했습니다. 방학이 되면 '계절제 대학원생'이 되어 방학도 잊고 연구했습니다. 그렇게 딱 2년만 하기로 했습니다. 그렇게 저의 인생의 마디가 시작되었습니다.

'그런데 무엇을 어떻게 시작하지?'

수업 연구를 하기로 정하긴 했지만 막상 구체적으로 뭘 어찌해야 할지 막막하더군요. 지금이야 '교육과정 재구성'이라는 말이 흔하지만 그때만 해도 생소했던 터라 저의 관심은 자연스럽게 교과서 수업에 쏠렸습니다.

'교과서 수업을 연구하자.'

그 당시에는 '수업 연구'라는 말보다는 '교재 연구'라는 말이 더 일반적이어서 수업 연구는 곧 교과서 수업을 연구하는 것으로 이어졌습니다. 그렇게 저는 저만의 대학원 생활을 교과서 수업 연구로 시작했습니다. 그런데 아무리 혼자 하는 교과서 수업 연구라고 해도 나름의 원칙을 정해 놓을 필요성이 있었습니다.

'열린 구조의 수업을 하자.'

당시 제가 정한 교과서 수업의 원칙은 '열린 구조의 수업'이었습니다. 거창하게 들리지만 실상은 교과서 수업을 하더라도 공부를 잘하는 학생이든 못하는 학생이든 모든 학생이 수업에 관심을 갖고 즐겁게 참여하는 수업이 되기를 기대하면서 만든 원칙이었습니다. 제가 생각하는 열린 구조의 수업은 그다지 어려운 것이 아니었습니다. 적어도 제 수업시간에는 누구나 한 번쯤 이야기할 수 있고, 장난스럽게 그냥 아무 이야기나 던졌는데 그게 수업과 연결되기도 하고, 정답이 되기도 하는 그야말로 얼어걸리는 그런 구조의 수업을 만들려고 노력했습니다.

저는 열린 구조의 수업을 연구하기 위해 방학도 반납하고 거의 한 달 동안 매달렸습니다. 때로는 짜릿함도 느꼈습니다. 빨리 개학했으면 좋겠다는 생각이 들 때도 있었습니다. 이 좋은 걸 빨리 수업에 투입해보고 싶은 마음도 생겼지요.

2

조병갑, 그리고 피향정
: 수업을 발견하다

어떤가요? 제가 연구한 수업이 궁금하지 않나요? 지금부터 제가 연구했던 교과서 수업을 소개하겠습니다. 사회 역사 단원으로 '동학농민혁명'에 관한 수업입니다. 이 수업은 『살아 있는 역사수업』(최용규 외)을 참고해 구상한 것임을 밝힙니다.

정읍에 가면 '피향정'이라는 곳이 있습니다. 수업은 피향정 사진에서 시작합니다. 수업의 동기유발과 동학농민혁명의 발생 원인을 알아보기 위해 다음과 같이 피향정 사진을 제시했습니다. 사진자료를 제시할 때면 사진을 자세히 살펴보라는 뜻으로 학생들에게 꼭 이런 말을 합니다.

"선생님은 눈에 딱 띄는 커다란 것이 아니라, 눈에 잘 안 보이는 작은 것에 관심이 많습니다. 여러분도 사진을 살펴볼 때 눈에 띄는 것보다는 눈에 잘 안 보이는 것에 관심을 갖기 바랍니다. 여러분, 이 사진에서 뭐가 보이나요?"

"정자요."

아이들은 아무리 강조해도 보이는 대로 말하는 버릇이 있습니다.

"아니지. 선생님이 눈앞에 보이는 큰 것보다 잘 안 보이는 작은 것에 관심을 가지라고 했잖아."

이렇게 말하자 그제야 아이들은 정자를 제외한 다른 것을 살펴보기 시작합니다.

"GS25 편의점이요."

아이들은 역시 먹을 것에 관심이 많습니다. 원하는 답은 아니지만 저는 관찰력이 좋다고 칭찬 샤워를 해줍니다. 그래야 다른 곳도 찾으려고 노력할 테니까요. 편의점을 찾고 칭찬을 받으면, 아이들은 더 신나서 이제 아무거나 보이는 대로 말하기 시작합니다. 공부를 잘하나 못하나 아무나 참가할 수 있는 수업이 된 것이죠. 저는 이것이 열린 수업이라고 생각했습니다. 누구나 한마디씩 하면서 부담 없이 수업할 수 있는 구조 말입니다. 편의점을 말해서 혼날 줄 알았는데 오히려 칭찬이 돌아오자 아이들은 더욱 신이 났습니다.

"도로표지판이요!"

"도로표지판? 오, 관찰력이 뛰어난데. 그런데 이건 그냥 도로표지판이 아니라 아주 특별한 표지판이야. 혹시 표지판에 뭐라고 쓰여 있는지 알겠니?"

"몰라요."

아이들은 아무 생각 없이 그저 재미있다 싶어서 눈에 보이는 대로 '도로표지판'을 외쳤을 겁니다. 사실 이 도로표지판에는 재미있는 이야기가 있습니다. 혹시 아는 분이 있을까요?

맞습니다. 이 도로의 이름은 '수학정석길'입니다. 이곳이 『수학의 정석』으로 유명한 홍성대 저자의 고향이라서 붙은 이름이라고 하더군요. 도로표지판이 '수학정석길'인 것을 발견한 아이들은 너 나 할 것 없이 감탄사를 내뱉습니다. 장난으로 툭 던진 말이 이런 결과를 가져올 줄 예상하지 못했겠지요. 이런 식으로 장난꾸러기들도 자연스럽게 수업에 참여하는 열린 수업을 시작할 수 있었습니다. 이렇게 수업 분위기를 띄우면 학생들은 이제 거침이 없습니다. 저는 조금 더 깊게 사진 속으로 들어갑니다.

"이 사진은 조금 더 가까이 가서 찍은 거야. 혹시 조금 전에 못 보던 것이 있니?"

그제야 아이들은 말합니다.

"비석이요."

"맞아. 비석이 많지."

"사실 이곳에는 동학농민혁명의 도화선이 된 조병갑 아버지의 송덕비가 있어. 그렇다면 이 중 조병갑 아버지의 송덕비는 어느 것일까?"

다음 중 조병갑 아버지의 송덕비는?

"1번이요."

"2번이요."

아이들은 각자 자기가 생각한 비석의 번호를 말합니다. 사실, 찍는 거죠.

"그냥 번호만 말하지 말고 그 번호를 선택한 이유도 함께 말해봐. 잘 말한 사람에게는 선물도 있다. ABC 초콜릿!"

그럼 아이들의 말을 한 번 들어볼까요?

1번을 선택한 학생은 "색깔이 까매서요."

2번을 선택한 학생은 "비석이 다른 것보다 크고, 부서졌어요."

"부서졌는데 왜 조병갑 아버지의 송덕비지?"

"나쁜 놈이니까 사람들이 부쉈을 것 같아요."

"오! 말이 되네."

"그럼 3번이 정답이라고 생각하는 사람은?"

3번에 대한 여러 가지 이야기가 나왔습니다.

"3번이 2번보다 더 많이 부서졌으니 3번이 정답이에요."

"3번은 가운데에 있으니까 정답이에요."

"가운데 있는 게 왜 정답일까?"

"부자고 잘 나가는 집안이니 아무래도 가운데 놓지 않았을까요?"

"그럼 4번은?"

"4번은 매끈하게 생겼어요. 아무래도 부자니까 좋게 만들었을 거예요."

"아니에요. 5번이 더 잘 만들어진 거 같아요. 자기 아버지 송덕비니까 잘 만들지 않았을까요?"

어떤가요? 아이들의 생각이 제법 그럴싸하지 않나요?

정답은 1번입니다. 아이들이 말한 것처럼 1번 돌은 색깔이 까만 오석(烏石)입니다. 자세한 사정은 확인할 수 없지만 아무래도 조병갑 정도 되니 오석이라는 비싼 석재를 사용했을 것으로 추측합니다. 학생들이 정확하게 답을 맞힌 거죠. 그러나 엄밀히 따지면 다른 '생각' 역시 모두 정답입니다. 비석이 부서졌거나 가운데 있다는 등의 이유 역시 나름대로 자신이 알고 있는 역사를 해석해서 나온 것이니 모두 정답입니다. 실제로 아이들은 비석의 훼손에 관심을 많이 보이는데, 조병갑이라는 인물이 어떤 인물인지 이미 알고 있으니 그렇게 말할 수 있는 것입니다. 아이들 말처럼 실제로 송덕비를 잘 살펴보면 고의로 훼손한 흔적을 찾을 수 있습니다. 송덕비 뒷면을 살펴볼까요?

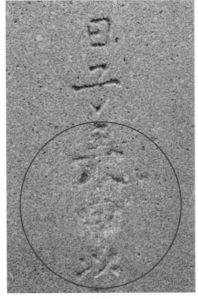

송덕비 앞면   송덕비 뒷면

송덕비 뒷면의 '병갑'이라는 한자를 소심하게 콕콕 찔러 훼손한 흔적이 보이나요? 사실 이 수업은 공부를 잘하든 아니든 상관없이 누구나 수업에 참여할 수 있습니다. 아니 오히려 장난꾸러기가 더 잘 참가할 수 있지요. 제가 수업을 연구하면서 노린 것도 바로 이 점입니다. 그런데 수업이 여기서 그치면 안 되겠지요? 교사는 항상 아이들의 생각보다 한 발짝 더 들어가야 하니까요. 수업은 계속되고, 다음 질문으로 이어갑니다.

"그렇다면 조병갑은 자기 아버지의 송덕비를 세운다는 명목으로 백성들에게 얼마를 수탈해 갔을까?"

얼마를 수탈했을까요?

나의 몸값은?

이렇게 질문하면 학생들의 반응은 한결같습니다.

"선생님, 지금 돈으로 해요? 아니면 옛날 돈으로 해요?"

"지금 돈으로 하자. 옛날 돈은 얼마인지 알 수 없잖아?"

아이들은 돈 이야기를 좋아합니다. 몇억은 기본이고, 몇조까지 다양한 이야기가 나오기 마련이지요. 아이들이 관심이 보일 때 다음과 같은 자료를 제시합니다.

송덕비를 만드는 데 든 비용은 대략 얼마일까?

기록에 의하면,

송덕비를 세운다고 갈취한 돈 : 1000냥

당시 황소 1마리 5냥, 쌀값도 5냥(만기요령)

지금 황소 1마리 700만 원

그렇다면?

"기록에 의하면 이 송덕비를 세운다고 갈취한 돈은 1000냥이래. 그런데 이 돈의 현재 가치를 바로 알 수는 없잖아. 어떻게 해야 할까?"

"그 당시에 거래되는 물건과 지금도 거래되는 물건의 값을 알면 될 것 같아요."

"〈만기요람〉이라는 기록에 의하면 당시 황소 1마리가 5냥, 쌀값이 5냥이었다고 해."

"오우, 쌀값이 엄청 비싸네요."

"그러게. 쌀값이 왜 이렇게 비싼지는 나중에 더 알아보기로 하고, 지금은 황소로 계산해볼까? 현재 황소 한 마리는 700만 원 정도에 거래돼. 그러면 얼마일까?"

아이들은 신나서 돈 계산을 합니다. 그 결과는 무려 14억이었습니다. 자기 아버지 송덕비를 세운다는 명목으로 수탈한 돈을 확인하자 아이들은 "으와!" 하며 놀랍니다.

교사는 여기서 그만두면 안 됩니다. 항상 아이들이 생각한 것보다 한 걸음 더 나아가야 하니까요. 저는 "그럼 조병갑이 수탈한 총액은 얼마인지 아느냐?"며 다음과 같은 자료를 제시했습니다.

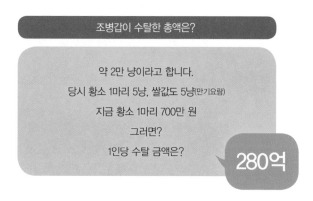

조병갑이 수탈한 금액은 약 2만 냥으로 요즘 돈으로 하면 약 280억이라는 계산이 나옵니다. 수탈한 금액이 280억이라는 말을 듣자 어떤 아이는 기가 막힌다는 표정을 짓고, 어떤 아이는 당시에 정읍 지역 인구를 알면 1인당 얼마나 돈을 빼앗겼는지 알 수 있다고도 했습니다.

어떤가요? 수업이 재미있었나요? 방학 내내 준비한 수업은 그렇게 순조롭게 마무리되었는데, 이 수업이 끝나고 저는 수업에 커다란 변화를 주는 큰 깨달음을 얻게 되었습니다.

3

그리고 깨달았다. 교과서 수업이
가장 어려웠다는 것을!

수업은 잘 끝났습니다. 그런데 여러분, 제가 방학 내내 한 달 동안 연구한 이 수업이 실제로는 얼마나 걸렸을까요? 10분! 실제로 수업하면 10분 정도면 끝납니다! 그런데 저는 이 수업을 위해 방학 내내 조사하고 답사까지 한 것이 아까워서 수업을 질질 끌었습니다. 말도 천천히 하고 물어본 걸 다시 묻기도 했지요. 그러나 아무리 시간을 끌어도 20분을 못 버티고 끝나더군요. 허탈함이 몰려왔습니다.

'나는 이 수업을 위해 거의 한 달이라는 시간을 보냈는데 실제 수업시간은 고작 이것밖에 안 되다니...'

호기롭게 방학까지 반납하고 매일 늦게까지 연구하고 비 오는 날 정읍까지 내려가 사진 찍고 수업을 연구한 결과가 이렇게 찰나에 끝나다니 정말 실망이 이만저만이 아니었습니다. 방학 내내 연구한 것이 겨우 20분 정도의 수업을 위한 것이라면 큰일이 아닐 수 없으니까요. 교사가 해야 하는 수업은 1년에 700~800차시인

데, 어떻게 이 모든 차시의 수업을 준비할 수 있겠습니까? 굳이 1년까지 생각하지 않더라도 교사가 하루에 하는 수업이 보통 4~5교시입니다. 만약 교사가 하루 5교시의 수업을 준비해야 한다면 최소 괜찮은 동기유발 5가지를 준비해야 합니다. 또 〈활동〉은 1, 2, 3이라고 합니다. 따라서 교사는 15개 정도의 괜찮은 활동을 준비해야 하고, 괜찮은 정리 활동도 5개가 필요합니다. 어림잡아도 하루에 25개 정도의 활동을 준비해야 한다는 계산이 나오자 이러다가는 2년이 아니라 200년이 지나도 제대로 된 수업 준비를 할 수 없겠다는 절망이 들었습니다. 그날 이후 고민이 계속되었습니다. 이렇게는 도저히 안 되겠고, 조금 더 효율적일 필요가 있었으니까요.

'어차피 교사가 모든 것을 준비할 수 없다면 앞에서 내가 그랬던 것처럼, 학생들이 스스로 연구하게 하면 어떨까? 나는 그냥 학생들이 조사하고 탐구할 수 있도록 여건만 조성한다면 더 좋지 않을까?'

수업을 공유하라!

'교사가 수업의 모든 것을 준비할 수는 없다!'

교사는 가르쳐야 한다는 생각이 매우 강합니다. 수업을 준비할 때 수업의 모든 것을 교사가 준비하려고 하지요. 이런 모습은 공개수업에서 쉽게 발견할 수 있습니다. 동료장학을 참관하면 수업의 소재부터 학습지에 이르기까지 교사가 모든 것을 준비합니다. 수업의 모든 것을 교사가 결정하고, 학생은 주어진 프로그램에 그저 따라올 뿐입니다. 먹이를 받아먹는 아기새처럼 교사는 어미새가 되어 학생들에게 수업의 모든 것을 제공합니다.

저 역시 그랬습니다. 6학년 국어 시간에 '비유적 표현'을 가르칠 때였습니다. 학생의 흥미를 고려한 수업을 하고 싶어서 교과서에 나오는 시 대신 노래 가사를 준비했지요. 비유적 표현에 초점을 맞추기 위해 임현정의 〈사랑은 봄비처럼, 이별은 겨울비처럼〉과 박학기의 〈비타민〉을 선택했습니다. 그리고는 자신 있게 수업에 들어갔습니다. 그런데 학생들의 반응은 "에이~ 요즘 누가 그런 노래 들어요?"

였습니다. 제가 고른 노래가 마음에 들지 않았던 거지요. 결국 저는 시간은 시간대로, 노력은 노력대로 들이고 학생들 마음도 몰라주는 옛날 사람이 되었습니다.

그래서 다음부터는 최신곡으로 준비했습니다. 마침 국어 시간에 '고유어, 외국어, 외래어'에 관한 단원이 나왔습니다. 최신곡을 준비하기로 결심한 만큼 자존심을 접고 아이들에게 요즘 가장 인기 있는 가수가 누구인지 물어보았죠. 아이들은 '인피니트'가 최고로 인기가 있다고 했습니다. 그래서 저는 알지도 못하는 '인피니트'의 곡으로 학습지를 만들어 수업했습니다. 그해에는 어느 정도 성공하는 듯 보였습니다. 그런데 문제는 그다음 해에 벌어졌습니다. 1년이 지난 후 다시 '인피니트' 곡으로 수업했더니 아이들은 더 이상 '인피니트'를 좋아하지 않았습니다. 그것뿐이면 좋을 텐데, 당시 최고로 인기 있는 가수의 최신 유행곡으로 수업해도 모든 학생이 다 좋아하는 것도 아니었습니다. 개중에는 김광석을 좋아하는 아이도 있고, 윤종신을 좋아하는 아이도 있었습니다. 자료 하나로 모두를 만족시킬 수는 없었던 거지요.

'아이들에게 한 번쯤 물어볼걸.'

만약 수업을 시작하기 전에 아이들에게 한 번쯤 요즘 좋아하는 노래가 무엇인지 물어본 후 수업을 했으면 어땠을까요? 자기가 좋아하는 가수는 누구고, 어떤 노래를 좋아하는지, 자기가 좋아하는 가수의 노래 가사에서 '비유적 표현'을 찾아보라는 수업을 했다면?

어쩌면 '한 번쯤 아이들에게 물어본다'라는 이 말에 학생중심수업의 핵심이 들어있는지도 모르겠습니다. 아이들에게 '수업을 어떻게 했으면 좋을지'를 물어본다는 것은, 교사 혼자서 수업을 끌어안기보다는 아이들과 함께 수업을 공유하고 고민하는 것이 됩니다. 수업하기 전에 이번 수업에는 이런 것이 있는데 너희들이 할 수 있는 것은 무엇이고, 무엇을 좋아하는지 묻고 함께 한다면 자연스럽게 이 수업은 교사의 수업이 아니라 학생의 수업이 되는 것이겠지요.

　학생중심수업을 하기 위해 가장 중요한 것은 이런 관점의 변화라고 생각합니다. 앞에서 살펴본 것처럼 수업을 학생들과 함께하고자 던지는 작은 질문 속에 학생중심수업의 모습이 있습니다. '학생들에게 묻는다'라는 사소하고 작은 행동이 '교사'의 수업에서 '학생'의 수업으로 관점을 바꿔주는 변화의 시작이기 때문이지요. 그래서 저는 학생중심수업을 위해서 가장 중요한 것이 바로 이런 '생각의 전환'이라고 믿습니다. 교사가 수업의 모든 것을 준비해야 한다는 것에서 학생과 수업을 공유하고 나누어야 한다는 생각으로의 전환이야말로 그 어떤 것보다도 중요합니다.

　수업을 학생과 공유한다는 것은 수업의 일정 부분을 학생도 책임지고 함께 운영한다는 것을 의미합니다. 스스로 배울 것을 찾기도 하고, 자신의 기준에 맞추어 선택하고, 그 선택에 책임을 지는 수업을 할 수 있을 것입니다. 이렇게 되면 이 수업은 교사의 수업도, 학생의 수업도 아닌, 교사와 학생의 수업이 될 것입니다. 학생중심수업의 시작은 이렇게 생각을 바꾸는 것에서 시작하는 것이 아닐까요?

5

교과서 수업 탈출기,
그래도 해피엔딩

'최무연 대학원'은 이렇게 끝났습니다. 물론 처음에 생각했던 교과서 수업의 고수는 되지 못했지만 그래도 성과가 전혀 없는 것은 아니었습니다. 수업에 관한 책도 많이 읽을 수 있었고, 가끔 계획에서 어긋나기는 했지만 수업연구회도 운영해보았으며, 젊고 패기 있는 선생님들과 수업에 대해 머리를 맞대고 고민도 해보았으니까요. 모두가 그동안 경험하지 못한 소중한 시간이었고, 무엇보다도 가장 큰 성과는 수업을 대하는 생각이 많이 바뀌었다는 점입니다. 수업을 보는 관점을 바꾸니 모든 것이 다르게 보이기 시작했습니다. 얼마 전의 일입니다. 공개수업이 끝나고 나오는 저에게 동료 선생님께서 묻더군요.

"오늘 수업 공개 어땠나요?"
"수업요? 뭐, 제가 하나요? 아이들이 하는 거지요."

이렇게 말해 놓고 스스로도 깜짝 놀랐습니다. '나도 이제 이렇게 말할 수 있는 여유가 생겼구나' 하고 말이지요. 돌이켜보면 이 모든 것이 그때 교과서 수업을 연구하기로 한 결과입니다. 지금도 그런 시간을 가졌던 것이 천만다행이라고 생각합니다. 그때의 습관이 남아 지금까지 수업을 연구하고 있고, 이렇게 독자들과 만날 수도 있으니까요. 생각해보니 세상일이 참 아이러니한 것 같습니다. 처음 '교과서 수업'을 연구하기로 한 나만의 수업 연구가 결과적으로 '교과서 수업 탈출'이라는 결과로 나타났으니까요.

이 책을 보는 분들도 한 번쯤 저처럼 인생의 마디를 만들어보길 권합니다. 교사가 교직생활 전체를 이렇게 매달릴 수야 없겠지만 한 번쯤 일정 기간만이라도 교사로 성장하기 위한 마디를 만들어보면 좋을 것 같습니다. 자신만의 대학원을 만들어 도전해보세요.

학생중심수업?
이제 올 것이 왔다

사실 저는 교직생활 마지막 날까지 교과서 수업을 하고 싶었습니다.
'교과서만 잘하면 되지. 교과서가 얼마나 잘 만들어졌는데.'

교육과정 재구성이 전국을 휩쓸고 있을 때도 저는 애써 외면했습니다.
'저게 말이 되나? 아니야, 안 하면 편해.'

학생중심수업을 해야 한다는 말이 들려올 때도 강하게 부정했습니다. 내 교직
생활 동안 교육과정 재구성은 먼 나라 일이었고, 나와는 상관없는 일로 치부하기
바빴지요. 그러나 안타깝게도 이제 더 이상 미룰 수도 버틸 수도 없게 되었습니다.
올 것이 오고야 말았나봅니다. 더 이상 학생중심수업을 무시하고 기존의 수업만을
고집하기에는 교사가 처한 현실이, 수업 환경이 그리 호락호락하지 않습니다. 끝
까지 교과서 수업으로 버티고자 했지만 결국 학생중심수업은 오고야 말았습니다.
돌아가는 교실 환경이 결코 교사에게 호의적이라고 할 수 없지요.

학생중심수업을 할 수밖에 없는 가장 현실적인 이유 2가지

첫째, 아이들의 변심, 8초를 못 참는 아이들

"얼음! 얼음!"

수업하다 보면 마치 얼음땡 놀이를 하듯 이렇게 외치고 싶을 때가 있습니다. 실제로 저학년 수업을 하다 보면 나도 모르게 '얼음!'을 외치기도 합니다. '얼음!'을 외치면 모두 얼음이 되어 움직이지도 않고 조용해지면 좋겠다는 그런 간절한 바람을 얹어 큰소리로 외치지요. 그러나 알다시피 그런다고 조용해지기는커녕 더 소란해지더군요. 요즘 아이들은 정말 수업에 집중하지 않습니다. 우스갯소리인지 요즘 우리 아이들의 집중 시간은 8초라고 하더군요. 이런 아이들과 수업하려면 기존의 방법으로는 도저히 안 됩니다. 학생중심수업으로 바꾸어야 할 이유야 많겠지만 저는 이것이 가장 큰 이유가 아닐까 생각합니다.

둘째, 교사에게 요구하는 것이 너무 많다

요즘 교육학은 새로운 그 무엇이 하루가 다르게 쏟아집니다. 정말 교육학의 홍수 시대라고 해도 과언이 아닙니다. 늘 새로운 뭔가가 등장하고 유행도 빠릅니다. 항상 새로운 교수법, 새로운 평가법이 등장하지요. 언뜻 떠오르는 것만 해도 '혁신학교'라는 큰 물줄기로 시작하여, '배움중심수업'이니 '수업혁신, 평가혁신, 과정중심평가' 등 수많은 새로운 이론이 나오고 있습니다. 아이들의 삶이 수업이 되어야 한다고도 하고, 핵심역량을 길러주어야 한다고도 합니다. '성취기준'으로 수업한다고 하더니 '교육과정문해력'이라는 말도 나오더군요. '토의토론 수업'을 강조하더니 어느새 '독서 교육'이 중요하다고 합니다. 온 작품 읽기나 연극이 교과서에 정식 단원으로 들어오기도 했습니다. 이 글을 쓰고 있는 지금도 새로운 많은 것이 들어오고 있을 것입니다. 이제는 무덤덤해질 때도 되었지만 뭔가 새로운 것이 나올 때마다 고민하게 됩니다.

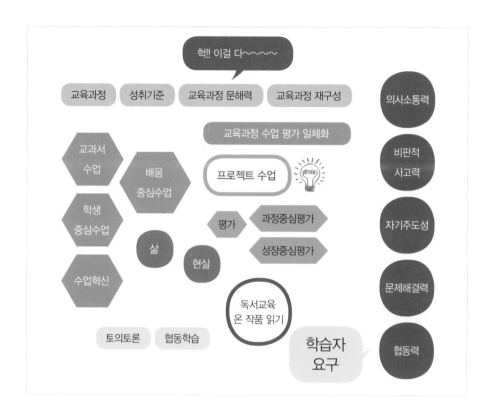

'저걸 다 해야 하나? 이번엔 또 뭐가 나오려나?'

새로운 것이 나올 때마다 그것을 해결하기 위해 많은 연수를 찾아다녔습니다. 그러나 한계가 있기 마련입니다. '자기주도성'을 강화하라고 해서 자기주도성이 있는 수업을 하고, '문제해결력'을 기르는 수업을 하라고 해서 그런 수업 방법을 찾아보았습니다. 그런데 말입니다. 수업혁신이니 맞춤형 개별화 수업이니 말이야 좋지만 이걸 다 어떻게 하란 말입니까? '교육과정' 따로 '배움중심수업' 따로 '과정중심평가' 따로, 이렇게 따로따로 해서는 따라갈 수도 없을 뿐만 아니라 제대로 할 수도 없습니다.

새로운 교수법이 나올 때마다 그것을 교사가 1:1로 대응할 수는 없습니다. 새로운 것은 계속 나타날 것이고, 교사에게 가해지는 압력은 계속 더해질 것입니다. 이제는 더 이상 미룰 수도 외면할 수도 없는 지경에 이르고야 말았습니다. 지금 이 순간에도 교사에게 수많은 요구가 있을 것입니다. 어쩌면 이 책이 출간될 때쯤에는 앞에서 언급한 것은 이미 철 지난 이야기일 수도 있습니다. 더 괴로운 것은 앞으로도 수업에 대한 압력은 늘면 늘지 줄지는 않을 것이라는 현실입니다.

그렇다면 이 모든 것을 하나로 '퉁치는' 방법은 없을까요? 만약 교사가 하나하나 일일이 대응할 수 없다면, 이 모든 것을 아우를 수 있는 통합적이고 포괄적인 수업 방법이 있다면 그것으로 '퉁치면' 되지 않을까요? 그런데 잘 살펴보면 이 모든 것을 아우르는 하나의 공통된 키워드가 있습니다. 바로 '학생중심수업'입니다. 학생중심수업을 할 수 있다면 위에서 말한 모든 것을 한꺼번에 해결할 수 있습니다. 아무리 많은 새로운 교수법이 나온다고 하더라고 '학생중심수업'이라는 범주는 벗어나지 않을 테니까요. 따라서 학생중심수업은 현실적으로 가장 실질적이고 효율적인 수업 대안이 될 수 있습니다. 이렇게 학생중심수업은 교사 입장에서 거부할 수 없는 것이 되어가고 있습니다. 학생중심수업? 이제 올 것이 오고야 말았습니다.

7

학생중심수업, 그것이 알고 싶다

접두사로 맞이한 '학생중심' 수업

'학생중심수업? 이건 또 뭐지? 너무 이상적인 거 아니야? 할 수 있을까?'

　제가 학생중심수업을 처음 접하면서 든 생각입니다. 사실 저뿐만 아니라 다른 선생님들도 그렇게 생각했을 것입니다. 그저 스쳐지나가는 바람 정도로 대수롭지 않게 여겼지만 그런 생각은 여지없이 빗나갔습니다. 학교현장에서 학생중심수업의 영향력은 생각보다 강했습니다. 학생중심수업은 먼저 '수업'에 관련된 모든 명칭에 변화를 주었습니다. 수업에 관한 명칭 앞에 하나둘 '학생중심'이라는 명칭이 붙더니, 결국에는 모든 수업 명칭 앞에 접두사처럼 따라붙었습니다. 이를테면 기존의 지도안에 '학생중심'이라는 말이 붙었으며, 각종 연수 이름에도 '학생중심'이 붙더군요. 그렇게 저는 접두사로서 '학생중심' 수업을 맞이하게 되었습니다.

"도대체 '학생중심수업'이 뭐야?"

온 세상이 학생중심수업으로 돌아가자 궁금하지 않을 수 없었습니다. 그러나 여기저기서 쉽게 들리는 것에 비해 그 실체를 만나기란 쉽지 않았습니다. 학생중심수업은 넘쳐나는데 정작 학생중심수업을 만나기는 어려운, 아이러니한 일이 벌어진 것입니다. 청주교대 이혁규 교수는 『수업, 누구나 경험하지만 누구도 잘 모르는』에서 학생중심수업을 다음과 같이 이야기합니다.

"학생 중심 혹은 학습자 중심 교육은 영어의 Student centered education 혹은 Learner centered education을 우리말로 번역한 것으로, 학습자에게 지식, 가치, 기능을 전달하는 교육이 아니라 학습자 스스로 학습을 계획하고 실행하고 평가하는 형태의 교육이다."

교사의 눈으로 학생중심수업을 이해하다!

학생중심수업에 관한 책을 준비하면서 이에 관한 자료를 많이 찾아보았습니다. 그러나 명확하게 학생중심수업이 무엇인지 그 실체를 확인하기란 쉽지 않았습니다. 학자들의 정의가 있을 뿐 실천 당사자인 교사 입장에서 학생중심수업을 이야기하는 것은 많지 않았습니다. 학생중심수업을 하는 사람은 교사일 텐데 교사의 눈으로 학생중심수업을 말하는 것이 없다? 그래서 저는 교사의 입장에서 학생중심수업을 여러 선생님과 함께 생각해보려 합니다.

첫 번째, 학생중심수업은 학생이 '학습'을 스스로 계획하고 주도하는 수업입니다.

학생중심수업을 설명하는 가장 대표적인 특징일 것입니다. 학생중심수업에서는 '학습'의 주도권이 교사가 아닌 학습자에게 주어지며, 학생 스스로 계획하고 주도합니다. 학생이 스스로 계획하고 주도하는 수업의 특징은 다음과 같습니다.

- 학습자가 '학습'을 계획하는 단계부터 적극적으로 참여하고, 학습 중에는 자율성과 선택권이 보장됩니다. 이렇게 학생이 수업을 주도하다 보니 학생중심수업은 수업 예측이 어렵습니다. 학생들이 어떤 결과물을 만들지, 만들기는 잘할지 예측하기란 어렵지요. 그래서 만약 선생님이 수업을 설계할 때 학생들이 무엇을 어떻게 할지 예측이 안 되거나, 이 '수업이 어떻게 흘러갈지'에 대해 심각하게 걱정이 되고 안심할 수 없다면 그 수업은 학생중심수업일 가능성이 높습니다.

- 학생이 주도하는 수업은 학생이 수업을 이끌기 때문에 학생이 빠지면 수업을 진행할 수 없습니다. 교사 중심으로 이루어지는 강의식 수업에서는 학생이 없어도 교사는 강의를 계속할 수 있습니다. 만약 선생님의 수업에서 학생이 빠지면 수업이 진행되지 않는다고 느낀다면 그 수업 역시 학생중심수업일 가능성이 높습니다.

- 선생님이 지도안을 쓸 때 '지도안을 이렇게 짧게 써도 되나? 아무것도 쓸 게 없네'라는 생각이 들었는데, 수업을 위해 준비할 것이 많다면 그것 역시 학생중심수업일 가능성이 매우 높습니다.

두 번째, 학생중심수업은 수업을 교사와 학생이 함께 공유하고 고민합니다.

학생이 '학습'을 주도적으로 이끌려면 학생도 수업에 대해 알아야 합니다. 수업에 대한 정보를 학생도 알아야 수업을 주도할 수 있겠지요. 따라서 학생중심수업에서는 수업을 교사와 학생이 함께 공유하고 고민할 수 있어야 합니다. 무엇을 배워야 하고, 무엇을 알아야 하고, 어떻게 해야 하는지, 수업에 대한 전반적인 것을 학생도 알고 있어야 합니다. 그래야 학생도 자신의 학습을 조망하고, 계획할 수 있을 것입니다. 학생중심수업에서는 교육과정-수업-평가 모두를 학생과 공유하고 함께 고민합니다. 만약 선생님의 수업시간에 수업과 평가를 어떻게 하고, 채점은 어떻게 할 것인지를 학생들과 함께 공유하고 고민하는 시간이 확보되어 있어 수업에 관한 상호작용이 활발하게 이루어진다면 그 수업은 학생중심수업일 가능성이 높습니다.

세 번째, 학생중심수업에서 교사는 학습의 촉진자가 됩니다.

학생중심수업에서 교사는 학습의 촉진자가 됩니다. 만약 선생님이 수업을 설계할 때 어떻게 가르칠까를 고민하기보다 학생을 어떻게 움직이게 하고, 무엇을 하게 할지에 대해 고민한다면 그 수업은 학생중심수업일 가능성이 높습니다. 또한 수업 중에 학생 개개인에 대한 피드백이나 학생에게 학습에 대한 제안을 주로 한다면 그 역시 학생중심수업을 하고 있다는 증거일 겁니다.

네 번째, 학생중심수업은 학생의 강점을 존중하는 수업입니다.

학생들은 저마다 다른 강점을 가지고 있습니다. 학생중심수업은 학생 개개인이 가지고 있는 강점을 존중하면서도 이들 장점이 서로 조화를 이루면서 서로 협력하는 수업입니다. 만약 선생님이 수업을 설계할 때 누구나 하나 정도는 잘하는 영역이 있다는 믿음으로 각자의 강점에 맞는 활동을 학생이 선택해서 할 수 있도록 설계했다면 그 수업은 분명 학생중심수업일 것입니다.

다섯 번째, 학생중심수업에는 아이들의 삶, 즉 현실이 반영되어 있습니다.

현실이 반영된 수업은 단순한 수업에 그치지 않고 아이들의 삶 속에서 생생하게 살아납니다. 학생의 참여를 보장하기 위해서라도, 학생에게 수업이 자신의 삶과 관계되어 있다는 인식을 심어줄 필요가 있습니다. 현실이 곧 수업이라는 믿음은 학생을 수업에 참여시키고, 주도적이고 능동적으로 참여하게 할 수 있는 최고의 카드일 것입니다. 이때 지식은 단순히 '아는 것'에 머무는 것이 아니라 '활용'으로 다시 태어날 수 있습니다. 이것을 이혁규 교수는 '내용과 경험의 통합'을 강조하는 교육이라고 말했습니다. 저는 이를 '지식을 활용한 수업'이라고 말하고 싶습니다. 아이들에게는 '지식을 얼마나 아는가'보다 '지식을 어떻게 활용하는가'가 더 가치 있는 일일 수 있습니다. 가장 현실적인 수업이 가장 생생한 수업이겠지요.

여섯 번째, 학생중심수업은 사회적 기술과 책무성을 동반한 수업입니다.

협동학습에서는 '학습이란 본질적으로 사회적 활동'이라고 말합니다. 사회적 활동은 사회적 책무성을 바탕으로 서로 협력하는 상호관계에서 일어납니다. 학생중심수업은 학습자가 사회적 일원으로 서로 협력하고 지원하여 하나의 목적을 달성해 나가는 과정을 배울 수 있어야 합니다. 핵심역량은 학습의 결과보다는 과정에서 성취됩니다. 만약 선생님의 수업에서 '결과'보다는 '과정'을 중요하게 여기고, 서로 협동하고, 문제를 해결하도록 조언하는 시간이 많다면 그 수업도 역시 학생중심수업일 가능성이 높습니다.

너무 장황했나요? 저는 가끔 학생중심수업을 장난감에 비유하곤 합니다. 선생님이 '장난감'에 관한 수업을 한다고 가정해보겠습니다. 선생님이 학생들에게 장난감 조립 설명서를 읽고, 장난감을 조립하게 합니다. 그 다음 장난감 사용 설명서를 한 번 읽게 하고, 선생님은 그 설명서에 대해 설명한 후 설명서에 나온 방법대로 놀게 하고, 놀이가 끝난 후 재미있었던 점을 이야기하게 했다면 그 수업은 학생중심수업이 아닐 가능성이 높습니다.

반면 이렇게 수업할 수도 있겠죠? 학생들에게 자신이 좋아하는 장난감을 생각하고, 다른 학생들과 의논하여 직접 장난감을 설계하고 만들게 합니다. 장난감 설명서도 학생이 직접 쓰게 하고, 놀이 방법도 학생이 직접 시범을 보이며 설명합니다. 이 장난감의 장점은 무엇이고, 어떻게 놀 수 있는지 학생이 직접 말할 수 있도록 설계된 수업이라면 이 수업은 틀림없이 학생중심수업일 것입니다.

정리해보자면 학생중심수업은 일정한 형식을 갖춘 특정한 수업방식이나 수업 모형을 지칭한다기보다는 수업을 보는 일종의 '관점'을 말하는 것이라고 할 수 있습니다. 따라서 학생중심수업은 교사마다 모두 다를 수 있습니다. 학생에게 자신의 '학습'에 대해 발언권을 주고, 자신만의 '학습'에서 배우는 것이 있도록 구축하기 위해 노력하는 모든 선생님의 수업이 바로 학생중심수업입니다.

오해를 버리면 이해를 얻는다

8

학생중심수업을 둘러싼 오해들

'학생중심수업? 그거 좋은지 누가 몰라? 힘드니까 못하는 거지.'

맞습니다. 학생중심수업을 하고 싶어도 할 수 없도록 머뭇거리게 하는 것들이 있습니다. 바로 학생중심수업을 둘러싼 많은 오해가 그것입니다.

첫째, 학생중심수업은 센(?) 수업이다.

아마도 학생중심수업을 할 수 없게 만드는 가장 큰 오해가 바로 이것이 아닐까 생각됩니다. 혁신교육이 자리를 잡으면서 학생중심수업을 표방하는 많은 학교가 생겼습니다. 이들 학교는 대부분 학생중심수업으로 교육과정을 재구성하고 수업을 공개합니다. 수업을 공개한 선생님께는 죄송하지만 사실 제가 본 '시범학교' 수업은 제 입장에서는 너무 크고 센 수업이었습니다. 공개수업이 끝나면 저는 '저렇게 크고 센 수업을 어떻게 하지?'라며 발길을 돌리기 일쑤였습니다. 어쩌면 초창기에 주제통합수업이 학생중심수업의 모델처럼 소개되면서 학생중심수업은 반드시 그렇게 해야 한다고 각인된 것 같기도 합니다. 그러나 대개 다른 누군가가 잘한다는 소문은 부러움과 함께 두려움으로 다가오는 법입니다. 사례는 그냥 사례일 뿐 내 것은 아니더군요. 작은 수업이라도 학생중심수업의 관점에 부합한 수업이라면 그것은 얼마든지 학생중심수업이 될 수 있습니다.

학생중심수업을 하고자 한다면 거창한 것과 과감히 이별하세요! 학생중심수업은 그냥 수업일 뿐입니다. 형식에 묻히면 내용을 볼 수 없으니까요. 학생중심수업이라고 해서 전혀 새로운 것도 아닙니다. 수업을 보는 관점을 바꾸고, 기존의 수업 방법 중에 쓸 수 있는 것은 사용하고, 또 새롭게 가공하여 사용하면 그것이 바로 학생중심수업입니다.

둘째, 학생중심수업은 지식을 가르치지 않는다.

이것도 흔한 오해 중 하나가 아닌가 싶습니다. 학생중심수업은 기존의 지식 위주 암기식 수업의 반작용으로 나온 수업이라고 이해하다 보니 지식을 경시한다고 생각하게 되었습니다. 결론부터 말하면 지식은 학생중심수업을 위한 필수요소입니다. 지식이 없는 학생중심수업은 있을 수 없지요. 지식은 학생중심수업을 실현할 수 있는 최전선, 그것도 학생중심수업의 출발선상에 있습니다.

셋째, 학생중심수업은 활동 위주의 수업이다.

맞기도 하고 틀리기도 합니다. 학생중심수업에서 활동이 많은 것은 사실이지만, 활동이 많다고 다 학생중심수업이라고 할 수는 없습니다. 활동도 그 종류가 다양하며, 활동의 질도 다릅니다. 학생이 스스로 정한 학습을 향해 가는 활동과 단순히 교사의 프로그램을 따라만 가는 활동에는 차이가 있습니다. 요리할 때 교사가 재료를 다 준비하고, 학생은 단순히 재료를 넣고 끓이기만 한다면 아무리 활동이 많아도 학생중심수업이라고 할 수 없으니까요.

넷째, 학생중심수업은 수준별 수업이다.

역시 일부는 오해고 일부는 진실입니다. 학생중심수업은 맞춤형 개인별 수업을 지향합니다. 개별화하는 기준은 다양하며, 학업성적으로 나누어서 수준별 수업을 하는 것만을 학생중심수업이라고 하기는 않습니다. 물론 학업 수준도 개별화 방법 중 하나일 수는 있지만 항상 그런 것은 아닙니다. 학생중심수업에서는 학업성적보다는 오히려 개인의 강점을 찾아 맞춤형으로 개별화하려는 경향이 강합니다.

다섯째, 학생의 의견을 무조건 들어주어야 한다.

학생중심수업이라고 하면 가장 먼저 드는 생각이 학생의 의견을 모두 들어주어야 한다는 것입니다. 그러나 수업에 합리적인 의견은 수용하지만, 합리적이지 않은 것은 배제할 수 있어야 합니다.

여섯째, 교사의 권위는 없어도 된다?

교사는 수업을 기획하고 이끌어가는 존재입니다. 학생중심수업도 결국 교사의 기획력에 의하여 이루어지는 것입니다. 교사의 권위가 없다면 수업을 운영할 수 없기 때문에 아무리 학생중심수업이라고 하더라도 반드시 필요합니다. 학생들에게도 이 점은 반드시 짚고 넘어가야 합니다. 아무리 학생중심수업이라도 교사가 주도할 영역과 시간이 있고, 학생이 주도해 나갈 영역과 시간이 있습니다. 무조건 학생에게 주도권을 주는 것이 아닙니다. 이 둘을 조화롭게 운영해야 합니다. 학생중심수업을 잘하고 싶다면 수업 시작 전에 단호하게 수업에 관한 최종 결정은 교사에게 있음을 선포하세요.

일곱째, 학생중심수업? 완전히 새로운 수업으로 뭔가 특별한 것이 있을 것이다.

학생중심수업이라고 해서 하늘에서 뚝 떨어진 새로운 방법이 아닙니다. 기존의 수업을 무시한 혁신적인 수업 방법도 아닙니다. 그러니 기존 수업에서 사용하는 방법 중 필요한 것은 그대로 활용하고, 고쳐 쓸 것은 고쳐 쓰면 됩니다. 학생중심수업을 한다는 것은 지금까지 해왔던 모든 것을 바꾼다는 것이 아니라는 것을 명확히 하는 게 중요합니다. 학생중심수업은 수업을 보는 관점을 바꾸고 거기에 맞게 교육과정을 재구성하는 것을 뜻하니까요.

여덟째, 학생중심수업은 힘들 것이다.

사실 이 부분에 대해서만은 뭐라 할 말이 없습니다. 교사에 따라 다르게 다가오기 때문이지요. 잘 훈련된 선생님은 오히려 학생중심수업이 쉽다고 할 것이고, 어떤 선생님은 수업 같지도 않다고 할 수도 있습니다. 제가 경험한 바로는 학생중심수업은 적어도 학생들에게 수업이 생생하다고 느끼게 하는 것 같습니다. 학생들이 학생중심수업에 대해 어떻게 느끼는지는 다음을 보면 확실하게 드러납니다. 다음은 교원평가에서 학생이 저에게 준 평가입니다.

초등학교 학생의견조사지 (수석교사용)

소 속 : 도래울초등학교   성 명 : 최무연

평가문항	답변
선생님과 공부하면서 나에게 어떤 변화가 있었나요? <보기>처럼 여러분의 생각을 써 주시기 바랍니다. <보 기> 공부 시간에 칭찬을 해 주셔서 발표를 잘 하게 되었습니다	국어가 교과서가 아닌 바로 내가 살고 있는 세상 속에서 보이기 시작했다.

내용이 잘 안 보일 것 같아 옮겨 적으면 이렇습니다.

"국어가 교과서가 아닌 바로 내가 살고 있는 세상 속에서 보이기 시작했다."

학생중심수업 준비물을
공개합니다

'수업을 보는 관점의 변화가 중요하다'는 말로는 좀 애매하죠? 학생중심수업을 하기 위해 교사가 준비해야 할 것들을 좀 더 구체적으로 짚어보겠습니다.

첫째, 수업에 대한 생각을 바꾸어야 합니다.

학생중심수업을 위해 교사가 준비해야 할 가장 중요한 게 아닐까 합니다. 학생 중심수업은 그동안 관행적으로 해왔던 수업의 관점을 '교사'에서 '학생'으로 전환하는 수업입니다. 우리가 지금까지 수업을 바라보던 생각을 바꾸는 것으로 아무리 강조해도 지나치지 않습니다.

둘째, 교사 '역할'에 대한 인식의 변화가 필요합니다.

수업에 대한 관점이 바뀌면 교사의 역할 또한 변화가 불가피합니다. 지금까지 교사의 역할이 지식의 전달자에 머물렀다면, 학생중심수업에서는 학생의 학습을 촉진하고, 수업을 기획하고, 디자인하는 디자이너로서의 역할이 필요합니다.

셋째, 교육과정을 분석하여 학생중심수업으로 설계할 수 있어야 합니다.

학생중심수업은 교과서 수업을 그대로 따르기보다는 교육과정을 재구성하는 경우가 많습니다. 교육과정을 재구성하려면 무엇보다 교육과정에 대해 명확하게 알아야 합니다. 특히 성취기준으로 수업을 만들 수 있는 것이 중요합니다. 성취기준은 학생중심수업을 설계하는 중요한 도구 중 하나며, 교사가 성취기준으로 수업한다는 것은 수업을 조금 더 능동적으로 접근한다는 것을 의미합니다. 따라서 성취기준에 대해 잘 알고, 보다 능동적으로 교육과정을 재구성할 수 있어야 합니다.

넷째, 학생중심수업을 실현할 수 있는 구체적인 수업 플랫폼을 가지고 있어야 합니다.

학생중심수업은 수업을 바라보는 하나의 관점입니다. 이러한 관점을 진짜 학생중심수업으로 실현해줄 구체적인 수업 플랫폼이 필요합니다. 어떻게 보면 가장 중요한 과제라고 할 수 있는데, 수업방식은 학생중심수업이라는 생각을 담는 그릇을 만드는 과정이기 때문입니다. 학생중심수업이 그저 생각으로만 머무는 것이 아니라 이를 실제로 실현하는 플랫폼, 믿을 만한 수업방식을 찾아야 합니다. 저는 학생중심수업을 실현해줄 수 있는 플랫폼으로 '프로젝트 수업'을 가져왔습니다. 프로젝트 수업은 학생중심수업을 실현할 수 있는 가장 현실적인 대안이라고 생각합니다. 개정된 교육과정을 비롯해 현재 교육의 화두로 제시되는 많은 것들이 모두 프로젝트 수업을 기반으로 하니까요. 프로젝트 수업은 학생중심수업의 하드웨어인 셈입니다.

다섯째, 학생의 '학습'을 구조화하는 방법을 찾아야 합니다.

학생은 착하지 않습니다. 학생에게 맡겨진 수업은 저절로 굴러가지 않지요. 따라서 학생이 학습을 주도할 수 있도록 구조화하고 체계화시킬 필요가 있습니다. 학습의 구조화에 관심이 있는 학습법이 바로 우리가 잘 아는 '협동학습'입니다. 프로젝트 수업이 학생중심수업의 하드웨어라면, 협동학습은 학생중심수업의 소프트웨어 정도가 될 것입니다.

여섯째, 학생중심수업에 맞는 평가 시스템을 가지고 있어야 합니다.

갈수록 평가의 중요성이 강조되고 있습니다. 평가만큼 수업에 영향을 주는 것도 없습니다. 수업에 따라 평가의 모습은 달라지기 때문에 학생중심수업에 적합한 평가방법도 필요합니다.

일곱째, 교육과정을 실행하고, 관리하는 형식을 가지고 있어야 합니다.

교육과정을 재구성했으면 이를 실행하고 관리하는 것이 필요합니다. 교육과정 매핑은 교육과정-수업-평가를 한눈에 제시하고, 관리 실행하는 일을 합니다. 따라서 학생중심수업을 하기 위해서 교육과정 매핑을 할 수 있어야 합니다.

2부

학생중심수업,
프로젝트 수업이라는
플랫폼을 만나다

1

'학생중심'이라고 쓰고,
'프로젝트 수업'이라고 읽는다

위에 있는 TV 프로그램의 공통점이 무엇일까요? 맞습니다. 모두 나영석 PD가 연출한 것들입니다. 이 작품들의 공통점을 살펴보면 다음과 같습니다.

tvN에서 나온다.
'리얼 예능'이다.
틀을 이루고 있다.
실제로 체험하고 있다.
음식과 여행이 적당한 조화를 이루고 있다. 등

모든 작품에 나영석 PD만의 공통점이 있죠? 좀 오래전이긴 하지만 나영석 PD의 대표작이라고 할 수 있는 〈1박 2일〉부터 최신작에 이르기까지 앞에서 말한 것과 비슷한 형식을 가지고 있습니다. 우리는 이것을 '나영석표 예능'이라고 부릅니다. 나영석 PD는 자신만의 프로그램을 만드는 일정한 형식, 즉 플랫폼을 가지고 있는 것이죠. 이 형식에서 크게 벗어나지 않으면서 자신만의 작품을 만드는데 이 점은 교사에게도 많은 시사점을 줍니다. 특히 저는 플랫폼의 중요성에 집중했습니다. 창작자가 자기에게 맞는 좋은 플랫폼을 가지고 있으면 자신의 생각을 구체적으로 실현할 수 있다는 것을 보여주는 예이니까요.

"학생중심수업? 그거 너무 이상적인 거 아니야?"

학생중심수업을 이야기하다 보면 이상적이고 원론적인 수준에 머무는 경우가 대부분입니다. 참 좋은 이야기고, 언젠가 당연히 해야 하지만 그저 이상일 뿐이라면 무슨 소용이 있겠습니까? 이상적인 것일수록 구체적인 모습으로 실현되어야만 의미가 있습니다. 나영석 PD가 자신의 생각을 일관성 있게 구체화시키는 나름의 형식을 가지고 있듯이 교사도 학생중심수업을 구체화시킬 플랫폼이 필요합니다.

교수법이야 많겠지만 저는 프로젝트 수업이야말로 학생중심수업을 실현시킬 수 있는 최상의 플랫폼이자 강력한 수업전략이라고 생각합니다.

왜 프로젝트 수업인가?

첫 번째, 무엇보다 프로젝트 수업은 학생이 학습을 주도할 수 있는 구조를 가지고 있습니다. 프로젝트 수업은 탐구질문으로 시작합니다. 탐구질문은 교사와 학생이 함께 프로젝트를 성공으로 이끌기 위해 뭘 어떻게 해야 할지 수업에 대해 같이 고민하고 공유하는 시간입니다. 학생이 '학습'에 대해 자신의 의견을 말하고, 계획을 교사와 함께 공유하는 시간이지요. 이처럼 프로젝트 수업은 학생의 능동적인 참여를 수업 시작부터 보장합니다. 아마도 프로젝트 수업은 '질문'으로 시작하는 유일한 수업일 것입니다.

두 번째, 현실을 수업에 반영할 수 있는 수업입니다. 혹시 'Real Life Project'라는 말을 들어본 적이 있나요? 이 말은 프로젝트 수업의 특징을 소개할 때 자주 등장합니다. 현실의 모든 것이 다 프로젝트 수업이 된다는 뜻이니 그만큼 현실을 기반으로 한 수업이라고 봐도 되겠죠? 학생중심수업을 이야기할 때도 빠지지 않는 점이 바로 현실을 기반으로 한 학생의 앎과 삶이니까요.

세 번째, 현재의 교육과정이 바로 프로젝트 수업을 기반으로 하고 있다는 점입니다. 프로젝트 수업은 무엇보다도 현재 교육과정과 잘 어울립니다. 교육과정-수업-평가 일체화나 역량중심, 주제를 심도 있게 학습하는 등 현재의 우리 교육과정은 이미 프로젝트 수업을 기반으로 하고 있습니다. 따라서 현재의 교육과정을 충실하게 운영하려는 의도일 경우에도 프로젝트 수업이 제격입니다.

네 번째, 프로젝트 수업은 확장성이 좋아 다른 여러 가지 교수법과 융합했을 때 시너지 효과가 뛰어납니다. 사실 이 점은 플랫폼이 갖추어야 할 최고의 조건이라고 할 수 있습니다. 이 책에서도 프로젝트 수업을 바탕으로 협동학습 전략을 사용하려고 합니다. 프로젝트 수업은 여러 교수법을 융합하여 새롭고 창의적인 수업을 할 수 있도록 도와주는 플랫폼을 제공할 것입니다.

　이처럼 프로젝트 수업은 학생중심수업을 위한 최상의 조건을 갖추고 있습니다. 나영석 PD가 〈1박 2일〉에서 자신만의 플랫폼을 완성했듯이 저도 프로젝트 수업으로 학생중심수업을 완성하고자 합니다. 아무리 생각해도 프로젝트 수업만큼 학생중심수업을 설명해줄 수업방식이 없을 것 같습니다. 그래서 저는 '학생중심수업'이라고 쓰고 '프로젝트 수업'이라고 읽고 싶습니다.

2

[세상에서 가장 쉬운 프로젝트 수업 1]

〈윤식당〉을 알면
프로젝트 수업이 보인다

저는 tvN에서 방송된 〈윤식당〉을 보면서 프로젝트 수업과 많이 닮았다고 생각했습니다. 사실 프로젝트 수업이 가진 특징을 모두 가지고 있어서 깜짝 놀랐습니다. 〈윤식당〉은 '텔레비전판 프로젝트 수업'이라고 해도 될 정도로 프로젝트 수업을 완벽하게 설명해줍니다.

〈윤식당〉으로 알아보는 프로젝트 수업 작명법

'윤식당'은 이 프로그램의 제목입니다. 그런데 어쩐지 촌스럽지 않나요? 저는 처음 윤식당이라는 이름을 들었을 때는 '무슨 제목이 저렇지? 요즘 고상하고 멋진 제목이 얼마나 많은데'라고 생각했었습니다. 그러나 시간이 지날수록 '윤식당'이라는 제목이 참 좋더군요. 윤식당만큼 이 프로그램을 구체적으로 잘 설명해주는 제목도 없을 테니까요.

프로젝트 간판인 프로젝트 이름(주제)도 마찬가지입니다. 프로젝트명(주제)은 프로젝트에 참여하는 모든 사람이 알 수 있도록 구체적이어야 합니다. '윤식당'이라는 단어만 들어도 이 프로젝트에 참가하는 사람들이 어떤 사람들일지 무엇을 할지 짐작할 수 있습니다. 프로젝트명은 이렇게 추상적이거나 멋있는 말보다는 구체적이고 활동 지향적인 제목이 더 효과적입니다. 프로젝트 수업은 손에 잡히는 구체적인 결과를 지향하는 학습법이니까요.

만약 프로젝트명이 구체적이지 않으면 어떤 일이 벌어질까요? 교사는 프로젝트 수업에 대해 모두에게 일일이 설명해야 합니다. 학생에게도 어떤 프로젝트인지 설명해야 하고, 혹시 물어보면 교장 선생님께도 설명해야 합니다. 그러나 프로젝트명이 '윤식당'이라면 굳이 설명할 필요가 없습니다. 식당에서 무엇을 해야 할까요? 당연히 식당을 운영하겠지요. 별다른 설명 없이 제목만 딱 봐도 알 수 있는 것이 가장 좋은 프로젝트명입니다.

〈윤식당〉으로 알아보는 프로젝트 팀(모둠) 구성의 기본 원칙

만약 여러분이 〈윤식당〉 연출가라면 가장 신경을 많이 쓴 것이 무엇일까요? 저라면 출연자가 가장 큰 고민이었을 것 같습니다. 이 프로젝트를 성공시키려면 무엇보다도 출연자가 중요하니까요. 프로젝트 수업도 마찬가지입니다. 프로젝트 수업에서 팀을 구성하는 것은 무엇보다도 중요합니다. 프로젝트 수업에서 팀구성을 어떻게 하느냐는 전적으로 수업에 따라 결정됩니다. 팀을 구성할 때 교사는 수업을 분석해보고, 이질적으로 구성할지 동질적으로 구성할지를 결정합니다. 팀 구성에 대해서는 다음에 이어지는 협동학습에서 자세히 다루도록 하겠습니다.

이질적인 팀 구성

〈윤식당〉의 팀 구성을 살펴보겠습니다. 먼저 4명이 1모둠을 이루고 있습니다. 팀 구성원을 살펴보면 한 가지 특징이 있는데, 바로 구성원의 '역량'에 따라 구성되었다는 점입니다. '이서진'은 경영학을 전공했으며, 영어를 잘하니 식당의 경영과 홀 운영을 맡습니다. '윤 사장님'은 요리를 잘하니 주방을 맡습니다. '박서준'은 잘생긴 외모로 홀 서빙을 하며, 이서진을 지원합니다. 마지막으로 '정유미'도 주방

일을 보조하며, 윤 시장님을 지원하지요. 이들 팀원은 각자의 강점을 가지고, 자신의 역량을 발휘해 '윤식당'이라는 프로젝트를 성공시키기 위해 서로 지원하고 협력합니다. 이처럼 각자가 가지고 있는 역량에 따라 팀을 구성하는 방법을 '이질적인 팀 구성'이라고 합니다. 프로젝트 수업에서 사용하는 일반적인 팀 구성 기본원칙은 이렇게 이질적으로 팀을 구성하는 것입니다.

동질적인 팀 구성

그러나 모든 프로젝트 수업이 이질적으로 팀을 구성하는 것은 아닙니다. 수업의 성격에 따라 동질적으로 팀을 구성할 수도 있습니다. 예를 들어 '동물 기르기' 프로젝트 수업을 한다면 좋아하는 동물이 같은 사람들끼리 모둠을 구성하면 좋을 것입니다. 흥미나 취미가 같거나 같은 강점을 갖는 사람으로 팀을 구성하는 것을 '동질적인 팀 구성'이라고 합니다.

〈윤식당〉으로 알아보는 프로젝트 팀 역할 주기 - 책무성

팀 구성을 마쳤다면 그다음에는 팀원으로서 해야 할 각자의 역할을 부여합니다. 구성원 각자의 강점에 맞게 역할을 부여하면 되는데, 이때 자기가 맡은 일만 하려고 하는 경향이 나타날 수 있습니다. 주방을 맡았으면 주방일만 하려고 하는 것이지요. 따라서 이질적으로 팀을 구성할 때는 학생들에게 이질적으로 팀을 구성했어도 자기에게 주어진 일만 하는 것이 아니라, 자신이 맡은 일을 주로 하되 다른 팀원과 협력해야 한다는 점을 분명히 알려야 합니다. 팀원끼리는 자신의 역할을 공유하고, 서로 협력하게 만드는 것이지요. 예를 들어 〈윤식당〉에서 메뉴를 개발할 경우, 윤 사장님 혼자 하는 게 아니라 윤 사장님의 주관하에 구성원 모두가 참여하는 것이지요.

서로 협력하여 메뉴를 개발하는 모습 – 협업은 프로젝트 수업의 기본

　　프로젝트 수업에서 책무성은 '협업'을 강조합니다. 저는 팀을 구성하면서 협업의 의미를 부여하기 위해 '꾸미기 팀장, 글쓰기 팀장'처럼 각자의 역할에 꼭 '팀장'이라는 이름을 붙입니다. 꾸미기 팀장은 '꾸미기'를 모두 혼자 담당하는 팀장이 아니라, 팀원 모두의 꾸미기 팀장이라는 점을 명확히 알립니다. 앞에서 메뉴를 개발할 때 윤 사장님이 주축이 되어 멤버 모두가 함께 요리 개발에 참여한 것처럼, 꾸미기를 할 때도 꾸미기 팀장이 주관하되 팀원 모두가 함께 꾸미기를 할 수 있도록 하는 것이지요. 이렇게 팀장의 역할을 강조하면 학생들이 조금 더 책임감을 가지고 수업에 임하는 모습을 볼 수 있습니다.

3

지식은 어떻게 가르칠까?

〈윤식당〉으로 알아보는 탐구질문

여러분이 윤식당을 한다고 가정해보겠습니다. 만약 윤식당을 잘하기 위해 팀원들을 모아 놓고 회의를 한다면 처음에 어떤 질문을 할까요? 아마도 연출가는 어떻게 해야 할지 의견을 듣기 위해 다음과 같은 질문을 할 것입니다.

"우리가 윤식당을 잘하려면 어떻게 해야 할까?"

프로젝트 수업도 마찬가지입니다. 프로젝트 수업에서도 수업을 시작할 때 학생들에게 어떻게 하면 주어진 '프로젝트'를 잘 할 수 있을지를 물어보는데, 그것을 '탐구질문'이라고 합니다.

〈윤식당〉으로 알아보는 학습내용과 수행과제

학생들에게 '윤식당을 잘하려면 어떻게 해야 할까?'라고 탐구질문을 하면 학생들은 각자의 생각을 말할 것입니다. 어떤 학생은 '요리'라고 대답할 것이고, 어떤 학생들은 홍보, 메뉴, 가격, 위생, 인테리어 등을 말하겠지요. 이렇게 교사의 탐구질문에 학생들이 대답하는 내용이 프로젝트 수업에서 '학습할 내용' 또는 '수행과제'가 됩니다.

〈윤식당〉으로 알아보는 핵심개념 또는 핵심지식

탐구질문에 대한 학생들의 대답 중 가장 중요한 것은 무엇일까요? 물론 모두 중요하지만 명색이 식당이니 가장 중요한 것은 '요리'가 아닐까요? 이런 식으로 학생들이 대답한 내용 중 프로젝트를 이끌어가는 가장 중요한 개념을 찾아내면 그것이 프로젝트 수업의 핵심개념 또는 핵심지식이 됩니다. 따라서 '요리'는 윤식당을 이끌어가는 핵심개념입니다.

그렇다면 핵심개념(또는 성취기준의 지식)은 언제 가르치는 것이 좋을까요? 윤식당을 성공시키려면 먼저 핵심개념인 '요리'를 배워야 합니다. '요리'와 '요리법'을 모르고 스페인으로 달려가봤자 바로 잘할 수 없으니까요. 프로젝트 수업도 마찬가지입니다. 프로젝트 수업에서도 핵심개념과 지식은 프로젝트를 본격적으로 시작하기 전에 먼저 배우고 들어가야 합니다. 실제로 〈윤식당〉에서도 스페인으로 떠나기 전에 홍석천과 이원일 셰프에게 가서 요리를 배우고 나서 본격적으로 프로젝트를 진행합니다.

홍석천과 이원일 셰프에게 먼저 요리법을 배우는 멤버들

    많은 사람들이 프로젝트 수업은 지식보다 활동이 중요하다고 생각합니다. 그러나 프로젝트 수업은 '지식을 활용하는 수업'입니다. 따라서 프로젝트 수업을 잘 하려면 '지식'을 잘 배워야 합니다. 지식은 프로젝트 수업의 기반이자 필수요소니까요. 그렇다고 지식만 강조하고 기능을 등한시해서도 안 될 것입니다. 〈윤식당〉에서 요리법만 알고 있고, 이를 활용하여 요리를 만들지 못하면 아무 소용이 없겠지요. 요리법도 알아야 하고, 요리도 할 수 있어야 하고, 직접 식당을 운영할 수도 있어야 잘 할 수 있습니다. 따라서 좋은 프로젝트가 되기 위해서는 '지식'과 '기능' 그리고 '활용'이 적절히 조화를 이루어야 합니다. 지식이 없는 체험도, 지식만 있고 체험이 없는 것도 무의미합니다. 삶과 현실을 가르치기 위해서는 지식이 바탕이 되어야 합니다. 지식이 없는 현실은 단순한 실습에 불과하니까요.

〈윤식당〉으로 알아보는 동기부여

만약 '윤식당'이 학생의 흥미를 반영한 신나고 재미있는 프로젝트라면 학생들은 이 수업에 참여하려고 노력할 것입니다. 그런데 이 프로젝트에 참여하려면 조건이 하나 있습니다. 바로 '요리법'을 알아야 한다는 것이지요. 윤식당에 참가하려면 '요리법'을 알아야 한다고 제시했을 때 학생들은 어떻게 할까요? 아마 조금 지겹고 힘들더라도 배울 것입니다. 이처럼 '지식'이 곧 '동기부여'가 되는 수업이 이상적입니다.

탐구질문은 어떻게 할까?

탐구질문을 알면 프로젝트 수업의 모든 것을 안다고 해도 과언이 아닐 만큼 탐구질문은 프로젝트 수업에서 중요한 위치를 차지하고 있습니다. 탐구질문은 이처럼 중요하지만 한편으로는 가장 소홀하게 다루어지기도 하지요. 많은 선생님들이 프로젝트 수업을 하고 있지만 탐구질문을 하지 않거나 어려워하고 있습니다.

탐구질문을 왜 하는가?

만약 수업 중에 학생들에게 "너는 왜 이걸 배우니?"라고 묻는다면 반응이 어떨까요? 아마도 우리가 잘 알고 있는 3종 세트로 대답할 것입니다.

"몰라요."
"선생님이 시켜서요."

"그냥요."

대부분의 학생들은 수업의 목적이나 방향성에 대해 별생각 없이 수업에 임합니다. 그러나 '윤식당'이라는 프로젝트에 참가하는 학생에게 "너희들은 왜 이런 활동을 하고 있니?"라고 묻는다면? 아마 "윤식당을 잘하려고요"나 "윤식당에 필요해서요" 같은 대답이 나오겠지요. 이처럼 탐구질문은 학생들에게 프로젝트를 수행하는 목적과 내용을 인식시켜줍니다. 또 탐구질문은 수업을 학생과 함께 공유하고 고민하는 역할도 합니다.

탐구질문은 한 번에 끝나는 것이 아니다!

탐구질문은 한 번에 끝나는 것이 아닙니다. 필요할 때마다 재질문하고 재탐색해야 합니다. '윤식당' 프로젝트에서 메뉴를 정한다고 가정해볼까요? 학생들에게 메뉴로 어떤 것이 좋겠냐고 질문하면 여러 음식을 말할 것입니다. 여러 음식 이름을 듣고 '떡볶이'로 메뉴를 정했다면 교사는 "그럼 떡볶이 만드는 법을 알려면 어떻게 해야 하니?"라고 이어서 다시 질문할 수 있습니다. 이렇게 재질문하고 재탐색하는 과정에서 나오는 학생의 대답을 칠판의 '탐구질문' 아래 적고 진행과정을 확인합니다.

가장 기본적인 탐구질문의 형식

탐구질문을 하라고 하면 많은 선생님들이 어려워하는데, 그리 어렵게 생각할 것이 아닙니다. 탐구질문의 기본적인 성격은 '프로젝트를 잘 하려면 어떻게 해야 할지'를 학생들에게 물어보는 것입니다. 따라서 아주 간단한 탐구질문의 형식은 다음과 같다고 할 수 있습니다.

아주 간단한 탐구질문 형식

> 우리가 이렇게 하면 (주제명)을 잘 할 수 있을까?

그런데 탐구질문이 이렇게 간단하면 예상치 못한 부작용이 발생합니다. 프로젝트 수업을 처음 할 때의 일입니다. 당시 탐구질문의 필요성을 확인하고 진행했었는데, 5학년 국어 '설명하는 글쓰기'를 주제로 프로젝트 수업을 할 때의 탐구질문입니다.

> ① 우리가 어떻게 하면 K-POP의 특징이 잘 드러나게 설명하는 글을 쓸 수 있을까?

이렇게 탐구질문을 하고 수업하자 학생들은 설명문을 써왔는데 대부분 인터넷에서 그대로 긁어 온 것이었습니다. 그래서 제가 "이렇게 인터넷에서 긁어 오면 어떻게 하니?"라고 묻자, 학생은 오히려 저에게 "왜요? 설명하는 글을 써오라고 해서 써왔는데 뭐가 잘못되었나요?" 하는 것이었습니다. 조금은 당황했지만 틀린 말은 아니어서 뭐라고 반박하기도 힘들었습니다. 그래서 저는 미안하다고 한 후 탐구질문을 다음과 같이 바꾸어 제시했습니다.

> ② 우리가 어떻게 하면 K-POP을 잘 모르는 외국인에게 K-POP의 특징이 잘 드러나게 설명하는 글을 쓸 수 있을까?

탐구질문이 바뀌어도 여전히 인터넷에서 긁어 오는 학생은 있기 마련입니다.

그래서 제가 다시 학생에게 "또 이렇게 긁어 오면 어떻게 하니?"라고 묻자, 전처럼 역시 설명문을 쓰라고 해서 썼는데 뭐가 잘못되었느냐고 했습니다. 저는 학생의 대답이 나오자마자 "야, 네가 쓴 글은 나도 잘 못 알아듣겠는데 외국 사람이 어떻게 알 수 있겠니?"라고 했습니다. 여기서 알 수 있는 것은 탐구질문은 수업에 영향을 미치기 때문에 수업의 성격에 따라 조금 더 정교화할 필요가 있다는 점입니다.

표준 탐구질문 형식

『프로젝트 학습: 초등교사를 위한 안내』(Sara Hallermann)에서는 탐구질문의 형식을 다음과 같이 제시합니다.

> 우리가 (어떤 역할)로서 (목적과 대상)을 위해 (해야 하는 과업이나 만들어야 할 결과)를 어떻게 할 수 있을까?

만약 이것을 〈윤식당〉에 대입하면 다음과 같겠지요.

> 우리가 (한식 요리사)로서 (한식의 우수성을 스페인 사람들에게 알리기) 위해 (한식 요리를 하여 윤식당을 운영하려면) 어떻게 할 수 있을까?

탐구질문의 형식에서 한 가지 주목할 점이 있습니다. 바로 맨 앞은 '우리가'로 시작된다는 점입니다. 이때의 '우리'는 누구일까요? 프로젝트 수업에서 '우리'는 '교사'와 '학생' 모두를 말합니다. 이 말은 결국 이 수업이 누구의 수업도 아닌 우리 모두의 수업이라는, 또 수업을 교사와 학생이 함께 공유한다는 뜻이 있겠지요. '교사는 가르치고, 학생은 배운다'는 이분법이 아니라 '우리'의 수업으로 본다는 의미입니다.

탐구질문을 보면 프로젝트 수업이 보인다!

탐구질문이 중요한 이유는 탐구질문을 보면 수업이 어떻게 진행될지가 한눈에 보이기 때문입니다. 다음은 우리 학교 이유진 선생님과 함께 한 프로젝트 수업의 탐구질문입니다. 같이 읽어볼까요?

> 우리가 로봇개발자가 되어 동물의 행동특성을 활용한 로봇을 만들기 위해서는 어떻게 해야 할까?

어떤가요? 위의 탐구질문을 통해 수업이 대강 보이나요? 이 수업을 위해 가르쳐야 할 지식은 무엇일까요? 동물의 행동 특성이겠지요. 그렇다면 무슨 과목으로 수업할 수 있을까요? 과학을 기반으로 해서 미술 과목을 끌어들일 수 있습니다. 다음 탐구질문도 마찬가지입니다.

> 우리가 지역 화폐 디자이너로서 경기도의 역사적 인물과 문화유산을 알리기 위한 화폐를 디자인하려면 어떻게 해야 할까?

가르칠 지식은 무엇이고, 학생들이 수행할 과제가 무엇일지 대강 수업의 모습이 보이죠? 이처럼 탐구질문만 잘 만들어도 프로젝트 수업의 반은 설계했다고 해도 과언이 아닙니다. 따라서 교사는 프로젝트 수업을 위해 평소에 탐구질문 만들기를 연습하거나, 탐구질문을 모으는 작업을 해놓을 필요가 있습니다.

5

프로젝트 수업에 현실을 더하다

'일반 청중'이 뭔가요?

프로젝트 수업에는 일반 청중이 있습니다. 이번에는 일반 청중의 역할을 중심으로 프로젝트 수업에 어떻게 현실을 더할지 생각해보겠습니다. 사실 '일반 청중'은 아주 간단한 장치지만 학생들을 수업에 몰입시키고 책무성을 일깨우며, 과제의 목적을 명확하게 하는 효과를 줍니다.

> 우리가 어떻게 하면 K-POP을 잘 모르는 외국인에게 K-POP의 특징이 잘 드러나게 설명하는 글을 쓸 수 있을까?

위 탐구질문은 제가 5학년 '설명하는 글쓰기'를 할 때 실제로 사용했던 것입니다. 그런데 이렇게 탐구질문을 했다가 혼이 났습니다. 폭풍질문이 시작되었거든요. '외국인에게 설명하는'이라는 말을 본 직후였습니다.

학생들	"선생님, 어느 나라 사람인가요? 영어로 써야 하나요?"
나(교사)	"아니야, 한글로 써도 된다."
학생들	"그럼 선생님이 번역해주실 거예요?"
나(교사)	"아니, 그렇게는 할 수 없어."
학생들	"에이, 그럼 가짜로 하는 거잖아요~!"

그때, 아차 싶더군요. 그래서 솔직히 잘못을 인정하고 탐구질문을 다음과 같이 '외국인' 대신에 '교장 선생님'으로 바꾸었습니다.

> 우리가 어떻게 하면 K-POP을 잘 모르는 (외국인 → 교장 선생님)에게 K-POP의 특징이 잘 드러나게 설명하는 글을 쓸 수 있을까?

이렇게 탐구질문을 바꾸자 프로젝트 수업이 달라졌습니다. 학생들은 교장 선생님께 자신이 알고 있는 K-POP 가수를 설명하기 위해 최선을 다했습니다. 이 수업에서 '교장 선생님' 같은 역할을 '일반 청중'이라고 부릅니다. 프로젝트 수업에서 일반 청중을 탐구질문 안에 지정해주면 놀라운 효과가 납니다. 자칫 밋밋해질 수 있는 수업이 현실이 살아 있는 생생한 수업으로 바뀌니까요. 일반 청중은 프로젝트에 현실감을 주고, 수업을 현실로 끌어오는 중요한 역할을 합니다. 이 수업의 현실성을 높이기 위해 실제 프로젝트 수업시간에 누가 오면 좋을까요? 맞습니다. 바로 교장 선생님을 수업 첫 시간에 모셔 오는 겁니다. 교장 선생님이 "얘들아, 내가 K-POP을 잘 모르는데 교장 선생님을 위해 K-POP 가수를 설명해줄 수 있겠니?"라고 말하는 거죠.

이렇게 프로젝트 수업에서 일반 청중을 어떻게 지정하느냐에 따라 수업은 달라집니다. 만약 위의 탐구질문에서 '교장 선생님' 대신에 '1학년'이라고 하면 어떻게 될까요? 아마도 학생들은 '1학년'에 맞는 글을 쓰려고 하겠지요. 프로젝트 수업에서 일반 청중은 학생들에게 수업에 대한 가치를 부여하고, 목적을 구체화하는 효과를 거둘 수 있습니다.

일반 청중이 주위에 없을 때 효과적인 방법들
- 동영상 촬영, 영상통화, 가정법

때로 과제에 따라 일반 청중이 주위에 없는 경우가 있겠죠? 그럴 때는 동영상 촬영이 방법이 될 수 있습니다. 우리 학교 신규 선생님인 최아영 선생님과 5학년 과학 교과 '열의 전도'에 관한 프로젝트 수업을 준비할 때의 일입니다. 최아영 선생님이 소방관을 위한 소방복을 만드는 프로젝트 수업을 하자고 했습니다. 가장 좋은 건 소방관 아저씨가 학교에 오는 것이지만 쉬운 일이 아니지요. 그러면 어떻게 하면 될까요? 저는 선생님께 퇴근길에 가까운 소방서에 가서 소방관 아저씨에게 학생들에게 전할 메시지를 동영상으로 찍어 오면 좋겠다고 제안했습니다. 그렇게까지 해야 하나 싶겠지만 일반 청중이 있고 없고는 수업의 질을 좌우하기 때문에 교사는 일반 청중을 확보하기 위해 여러 가지 방법을 찾을 필요가 있습니다. 요즘은 영상통화를 활용하는 경우도 많습니다. 아무리 노력해도 일반 청중을 찾지 못하는 경우라면 '가정법'도 좋은 방법입니다. 다음은 우리 학교 김나래 선생님의 탐구질문입니다.

> 우리가 패션 디자이너로서 우리 회사에 온 다양한 기후 환경에 사는 사람들에게 알맞은 옷을 만들어주려면 어떻게 해야 할까?

패션 디자이너를 일반 청중으로 모셔오기는 현실적으로 힘듭니다. 이때는 '가정'을 하는 것이지요. 가상의 패션 회사를 만들고, 가상의 투자자를 만들어 수업을 진짜처럼 느끼게 합니다. 주의할 것은 이렇게 가정법을 사용할 경우에는 학생들이 진짜처럼 느낄 수 있도록 만들기 위해 교사가 더 많은 노력을 해야 한다는 점입니다. 예를 들면 패션회사 이름을 만들게 하거나, 명함을 만들거나, 직책과 역할을 패션회사처럼 해준다거나 패션쇼를 하는 것이지요. 어설프게 가정법을 사용하면 역효과가 생기니 시나리오를 치밀하게 작성해야 합니다.

이 경우, 일반 청중은 이 프로젝트 수업에 참가하는 모든 사람이 될 수 있습니다. 예를 들어 패션쇼를 구경하기 위해 온 다른 학생이나 선생님, 부모님도 모두 일반 청중이 될 수 있지요. 만약 프로젝트 수업 도입부에 일반 청중이 등장했다면 마지막 결과 발표회에도 일반 청중이 오는 게 좋습니다. 앞의 '설명하는 글' 수업에서 교장 선생님이 일반 청중이었다면 프로젝트 수업 최종 결과물 발표회에 교장 선생님이 참석해 학생들의 K-POP 가수 설명을 듣는 게 좋습니다.

그 어렵다는 핵심역량은 어떻게 기를 수 있을까?

수업을 통해 핵심역량을 길러주라고 합니다. 뿐입니까? '자기 주도성, 비판적 사고력, 협동력, 의사 소통력, 문제해결력'도 길러주라고 하지요. 그러나 이것을 수업시간에 다 하기란 정말 쉬운 일이 아닙니다. 그렇다면 어떻게 해야 핵심역량을 기를 수 있을까요?

결론부터 말하면 프로젝트 수업의 과제 수행에서 그 해결책을 찾을 수 있습니다. 프로젝트 수업에서는 학생들이 직접 프로젝트를 수행합니다. 학생들에게 적당한 과제를 부여하고, 그것을 수행하게 하는 것이지요. 학생들은 주어진 과제를 해결하기 위해 자연스럽게 자신의 역량을 발휘하게 됩니다.

〈윤식당〉을 봐도 쉽게 확인할 수 있습니다. 인기 메뉴인 닭강정을 개발하는 과정이 그려졌습니다. 윤식당 멤버들은 신메뉴를 개발하기 위해 서로 머리를 맞대고 있었습니다. 그때 한 멤버가 돼지고기를 이용한 메뉴를 개발하자고 합니다. 그러자 다른 멤버가 돼지고기 요리는 호불호가 갈리고, 제육볶음 같은 음식은 질척해서 외국 사람이 싫어할 것이라고 하죠. 이렇게 멤버들끼리 신메뉴 개발을 위해 '의

사소통'을 하고 있을 때 박서준이 치킨을 개발하면 어떻겠냐고 제안합니다. 박서준은 무명시절에 치킨집에서 아르바이트를 해봤으며, 직접 튀긴 치킨만 해도 1.5톤은 될 것이라며 자신 있어 합니다. 무엇보다도 치킨 매니아라서 치킨을 잘 알기 때문에 신메뉴로 개발할 자신이 있다고 하네요.

　자, 이것을 프로젝트 수업이라고 했을 때 핵심역량 면에서 살펴볼까요? 윤 사장님과 팀원들은 모여서 메뉴 개발을 위해 의견을 냅니다(의사 소통력). 이때 박서준은 자신의 경험을 살려 치킨 개발에 주도적으로 나섭니다(자기 주도성). 뿐만 아니라 서양 사람들은 매운 것을 싫어하기 때문에 한국식 양념치킨보다는 간장을 베이스로 한 닭강정을 만들자고 합니다(비판적 사고력). 멤버들은 치킨을 개발하기 위해 직접 닭을 튀겼는데 적당한 기름 온도를 찾지 못해 치킨 튀기기에 실패했습니다. 이때 박서준은 치킨집 알바 경험을 살려 문제를 해결합니다. 박서준은 보통 치킨은 15분을 튀기는데 여기 닭은 얇고 작으니까 190도로 10분 정도면 될 것 같다는 해결책을 내놓습니다(문제해결력). 이후 멤버들끼리 서로 협력하여 결국 새로운 메뉴를 개발했습니다(협동력). 이렇게 개발된 박서준표 '크리스피 치킨'은 크게 성공하여 손님들이 제일 좋아하는 대표 요리가 되었습니다.

의사 소통력

비판적 사고력

자기 주도성

문제해결력

협동력

21세기 기술 혹은 핵심역량

〈윤식당〉에서처럼 학생들에게 과제를 주고, 그것을 수행하게 하면 자기 주도성, 비판적 사고력, 협동력, 의사 소통력, 문제해결력 등이 길러지는데, 프로젝트 수업에서는 이것을 21세기에 꼭 필요한 핵심역량이라고 해서 '21세기 기술'이라고 부릅니다. '21세기 기술'은 프로젝트 수업을 하는 목적입니다. 프로젝트 수업을 하는 많은 선생님들이 프로젝트 수업의 목적을 '결과물'을 만드는 것으로 오해하기도 합니다. 그러나 진정한 목적은 바로 학생들의 핵심역량인 '21세기 기술'을 배우는 것에 있습니다.

그런데 사실 수업을 하다 보면 이것이 잘 지켜지지 않을 경우가 많습니다. 본래의 목적은 잊어버리고 프로젝트 결과물에 신경을 쓰는 경우가 많이 생기죠. 저도 핵심역량을 기르는 것이 프로젝트 수업의 목적이라는 말을 들으면 '에이, 뭐 당연한 이야기지'라며 대수롭지 않게 생각했었습니다.

프로젝트 수업의 목적이 21세기 기술(핵심역량)을 향상시키는 것에 둔 수업과 그렇지 않은 수업은 다릅니다. 프로젝트 수업은 아무래도 결과물이 중요합니다. 그런데 학생들의 결과물이 잘 안 나오면 교사는 자신도 모르게 학생들을 닦달하거나 결과를 내기 위해 조급해합니다. 그러나 수업의 목적을 21세기 기술을 습득하는 과정이라고 생각한다면 조금 더 편해질 수 있습니다. 학생들이 많이 떠든다면 '아이들이 의사소통을 많이 하는구나'라고 생각할 수 있고, 만약 서로 언쟁을 한다면 '비판적 사고력'을 기르고 있다고 생각할 수도 있겠지요. 이처럼 교사가 수업의 목표를 어디에 두고 있느냐에 따라 같은 수업이라도 다른 결과를 가져올 수 있습니다.

7

프로젝트 수업에서도
교사의 권위는 필요하다

많은 선생님들이 프로젝트 수업을 한다고 하면 교사의 권위를 걱정합니다. 무조건 학생의 의견을 들어주어야 한다고 생각하지요. 그러나 아무리 프로젝트 수업이라도 교사의 권위는 필요합니다.

프로젝트 수업에서 교사가 가져야 할 권위 1

프로젝트 수업에서 팀을 구성할 때는 교사의 권위와 단호함이 필요합니다. 팀 구성은 프로젝트 수업에서 매우 중요합니다. 팀 구성을 어떻게 하느냐에 따라 프로젝트 수업 전체를 좌우하기도 하니까요. 따라서 프로젝트 수업에서 팀을 구성할 때, 교사는 학생들의 합리적인 요구를 받아줄 수 있지만 결국은 교사의 결정에 따른다는 것을 학생들에게 알려주어야 합니다. 교과서 수업이라면 팀 구성에 실패해 수업을 망치더라도 1차시만 망치면 그만입니다. 그러나 프로젝트 수업은 긴 호흡으로 진행하는 경우가 대부분이라 팀 구성에 실패하면 오랜 기간에 걸쳐 이루어지는 수업을 모두 망칠 수 있습니다. 따라서 프로젝트 수업에서 팀을 구성할 때는 신중을 기해야 하고, 팀 구성의 최종 결정은 교사에게 있음을 미리 알려줄 필요가 있습니다.

프로젝트 수업에서 교사가 가져야 할 권위 2

앞에서 탐구질문에 대해 이야기하면서 탐구질문을 하면 학생들이 대답한다고 했습니다. 학생의 대답 내용으로 요리, 위생, 서비스, 홍보 등을 말할 것이라고도 했습니다. 탐구질문에 대답이 항상 이렇게 착하게만 이루어진다면 얼마나 좋을까요? 실제 수업에서는 어림없는 이야기고, 틀림없이 엉뚱한 대답을 하거나 황당한 대답으로 교사를 당황하게 하는 학생이 있을 것입니다. 일례로 제가 '요리하기' 프로젝트를 할 때 '뱀탕'을 하자거나 '원숭이 해골 요리'를 하자는 아이들도 있었습니다.

이럴 땐 교사는 단호해질 필요가 있습니다. 아무리 학생 의견을 소중히 여기는 프로젝트 수업이라고 해도 이런 의견까지 소중하게 다룰 수는 없는 노릇입니다. 프로젝트 수업은 학생과 공유하는 수업이기 때문에 여러분의 의견은 존중하지만, 성취기준이나 프로젝트 목적과 상관없는 의견은 제한한다는 점을 학생들에게 명확히 알려야 합니다. 그것도 프로젝트 시작하기 전에 미리 알려줄 필요가 있습니다. 만약 프로젝트 수업 중간에 이런 이야기를 하면 학생들은 배신감을 느낄 것입니다. 처음에는 뭐든지 들어줄 것처럼 말하다가 수업이 시작되니까 정작 안 들어준다고 말이지요.

8 프로젝트 수업 운영 매뉴얼을 공개합니다

일반적으로 프로젝트 수업의 흐름은 다음과 같습니다. 여기서는 〈윤식당〉을 예로 들어 실제로 프로젝트 수업을 운영하는 과정을 알아보겠습니다.

프로젝트 수업 흐름도

프로젝트 시작: **도입 활동 & 탐구 질문**

↓

탐구 질문에 답하기 위한 **지식과 기능(기술) 쌓기**

↓

탐구 질문에 답하는 결과물 **개발하고 수정하기**

↓

탐구 질문에 답하기 위한 **결과물 발표하기**

피 드 백 ↑

출처: 『프로젝트 학습: 초등교사를 위한 안내』, Sara Hallermann 외, 설양한 외 옮김

프로젝트 시작 – 도입 활동 & 탐구질문

교사 "우리가 윤식당을 잘하려면 어떻게 해야 할까?" (탐구질문)

'윤식당' 프로젝트 수업을 하려면 팀원들과 윤식당을 어떻게 운영할지 의논하는 시간이 필요합니다. 메뉴는 무엇으로 하고, 팀은 어떻게 나누고, 각자의 역할은 무엇인지 고민합니다. 예를 들어 메뉴를 정하는 과정을 살펴보겠습니다. 학생들에게 우리가 '윤식당'을 하기 위해 어떤 메뉴를 정하면 좋겠냐고 물어보면 학생들은 샌드위치, 떡볶이, 김밥, 비빔밥 등 각자 생각한 메뉴를 말할 것입니다. 교사는 학생들의 의견을 받아들여 학생들이 가장 선호하는 떡볶이를 메뉴로 정했습니다. 그다음에는 무엇을 해야 할까요? 이제 이 떡볶이를 어떻게 만들지 학생들과 의논할 차례입니다. 만약 교사가 떡볶이를 만들 줄 모른다면 떡볶이를 만드는 법을 가르쳐줄 도우미 선생님도 정해야 하겠지요. 교사는 다시 질문합니다.

교사 "사실 나는 떡볶이를 만들 줄 모르거든. 그러면 누구에게 떡볶이를 배우면 좋을까?" (탐구질문 재탐색)

학생들 "홍석천요."

학생들 "아니요, 백종원이 더 좋아요."

교사 "그 사람들은 너무 비싸서 안 될 것 같은데 다른 사람 없을까?" (재질문)

학생들 "그럼 우리 엄마한테 배워요. 영양 선생님에게 배우면 어떨까요?" (현실적인 대안 찾기)

교사 "그래, 그럼 영양선생님께 떡볶이 만드는 거 배우자."

이렇게 프로젝트 수업에서 수행할 프로젝트에 대해 학생들에게 탐구질문을 던지고, 수업을 어떻게 할지 학생들과 함께 고민하고 공유하는 시간을 '도입 활동 & 탐구질문' 단계라고 합니다. '도입활동 & 탐구질문'의 목적은 교육과정-수업-평가를 학생과 공유하고 학생의 참여를 유도하여 '우리'의 수업으로 만드는 데 있습니다. 일반적으로 '도입활동과 탐구질문'을 동기유발이라고 생각하여 많은 선생님들이 동기유발용 동영상이나 좋은 자료를 찾으려고 노력하는데, 사실 '도입활동 & 탐구질문' 시간은 인위적인 동기유발보다는 수업을 학생과 공유하기 위한 '동기부여'에 더 가깝다고 할 수 있습니다.

이 단계에서는 프로젝트의 주요 결과물을 결정하고, 모둠을 구성하고, 프로젝트를 위한 세부 사항도 의논합니다. 말 그대로 이 시기에 프로젝트를 위한 모든 기초적인 준비가 이루어진다고 할 수 있겠지요.

탐구질문에 답하는 지식과 기능 쌓기

"이제 영양선생님께 가서 요리법을 배우고 요리 연습을 하자!"

'도입활동 & 탐구질문'에서 프로젝트를 위한 기초준비가 모두 끝났다면 다음은 프로젝트를 수행하기 위해 필요한 지식과 기능을 배울 차례입니다. 〈윤식당〉을 예로 든다면 홍석천이나 이원일 셰프에게 가서 요리법을 배우고 직접 요리 기능을 익히는 단계입니다. '도입활동 & 탐구질문'이 예비 단계라면 '지식과 기능 쌓기'는 본격적으로 프로젝트를 시작하는 단계라고 할 수 있습니다.

'지식과 기능 쌓기' 단계는 말 그대로 프로젝트를 수행할 수 있는 지식과 기능을 쌓는 시간입니다. 이 단계에서 지식과 기능을 잘 쌓아놓아야 앞으로 진행할 프로젝트를 잘 진행할 수 있습니다. 따라서 지식은 프로젝트 수업의 출발점이자 기초 중의 기초라고 할 수 있습니다.

탐구질문에 답하기 위한 결과물 개발하고 수정하기

"요리법을 배웠으면 이제 너희 스스로 떡볶이를 만들어 봐."

어느 정도 요리법(지식)과 요리하는 법(기능)을 배웠으면 이제 학생 스스로 메뉴를 개발할 필요가 있습니다. '결과물 개발하고 수정하기' 단계입니다. 〈윤식당〉을 예를 든다면 멤버들끼리 스스로 메뉴를 개발하는 과정을 말합니다.

피드백
"조금 싱거운 거 같은데 어떻게 할까?"

학생들이 요리할 때 교사는 학생들이 하는 요리를 보고 피드백을 줍니다. 피드백은 프로젝트 수업의 가장 큰 특징이라고 할 수 있습니다. 교과서 수업에서는 활동 후 몇몇 학생에게 발표를 시키고 다음 수업으로 넘어갑니다. 그러나 프로젝트 수업에서는 개인별 발표보다는 교사와 학생 사이에 개인별(혹은 모둠별) 피드백을 주는 경우가 더 많습니다. 예를 들면 '음식이 너무 싱겁다'거나 '양이 너무 적다' 등이 피드백이 될 수 있지요.

그럼 프로젝트 수업에서는 발표를 하지 않을까요? 그렇지 않습니다. 수업 중간에 몇몇이 발표하는 과정은 없지만 대신 수업 마지막 부분인 '결과물 발표하기' 단계에서 합니다. 이때는 교과서 수업과 달리 몇몇이 아니라 모든 학생이 발표에 참여합니다.

탐구질문에 답하기 위한 결과물 발표하기
"이제 '윤식당' 해도 되겠다. 우리 장사하자!"

'결과물 발표하기' 단계는 학생들이 프로젝트를 수행하면서 개발한 결과를 직접 일반 청중에게 발표하는 과정입니다. 〈윤식당〉에서 직접 장사하는 과정이 이에 해당하지요. 프로젝트 수업에서 결과물만큼 중요한 것이 바로 '결과물 발표하기'입니다. 만약 '윤식당'에서 '결과물'인 음식만 만들고 장사(결과물 발표)를 안 한다면 어떨까요? 아마도 우리는 이것을 '윤식당'이라고 말할 수 없을 것입니다. 학생들의 실망도 이만저만이 아니겠지요. 프로젝트 수업도 마찬가지입니다. 프로젝트 수업에서 '결과물 발표하기'는 프로젝트 수업의 꽃이라고 해도 과언이 아닙니다. 따라서 교사는 프로젝트 수업을 설계할 때부터 학습결과물과 '결과물 발표하기'를 한 세트로 생각해야 합니다. 예를 들어 교사가 학습결과물로 '옷'을 만들기로 했다면 자연스럽게 '패션쇼'를 생각하는 것처럼 말이지요.

앗, 그러고 보니 프로젝트 수업이 무엇인지 소개하지 않았군요. 다음의 정의를 참고하세요.

"프로젝트 학습이란 학습자가 스스로 문제를 찾아내고, 해결방안을 기획하며, 협력적인 조사 탐구를 통해 과제를 해결하고, 결과를 공유하는 일련의 과정에서 배움이 일어나는 수업형태. 프로젝트 학습은 교사가 교육과정을 구성하고 수업을 기획함으로써 학습자와 조력할 뿐 아니라 학습자와 상호작용하여 역동적 배움의 장을 형성하는 것이다."

– 「프로젝트 수업, 교육과정을 만나다」, 이성대 외

행복한 수업을 만드는 프로젝트수업,
교육과정 성취기준, 그리고 평가와 교육과정 매핑의 모든 것

3부

교육과정 성취기준으로
학생중심수업을 설계하다

주먹구구식 교육과정 성취기준 분석, 이제는 안녕!

이제는 더 이상 '성취기준'이라는 말이 낯설지 않습니다. 교육과정 연수에서 단골로 등장하는 것이 성취기준이기도 합니다. 그러나 성취기준이라는 단어에는 익숙하지만 정작 성취기준에 대한 이해는 부족한 것이 사실입니다.

성취기준이란 무엇일까?

성취기준은 교사 입장에서는 무엇을 가르쳐야 하는지를 알려주는 기준이고, 학생 입장에서는 무엇을 알아야 하고, 무엇을 해야 하는지를 알려주는 기준이라고 할 수 있습니다. 2015 개정 교육과정에서는 성취기준을 다음과 같이 설명하고 있습니다.

성취기준은 하나의 문장이며, 그 문장의 내용은 '지식'과 '기능'으로 구성되어 있습니다. 성취기준의 '지식'은 학생들이 '알아야 하는 것'이고, '기능'은 '할 수 있거나 할 수 있기를 기대하는 능력'입니다. 따라서 성취기준 분석의 시작은 성취기준의 '지식'과 '기능'에서 출발합니다. 다음 표는 성취기준의 지식과 기능으로 살펴본 교육과정-수업-평가의 관계를 나타낸 것입니다.

'지식'과 '기능'으로 살펴본 교육과정-수업-평가 관계도

이처럼 성취기준을 분석한다는 것은 성취기준의 지식과 기능이 무엇인지를 확인하는 것에서부터 시작한다고 할 수 있습니다. 성취기준에 지식과 기능이 있다는 것은 지식뿐만 아니라 '기능'도 중요하다는 것을 강조하는 것입니다. 어느 하나에 치우치지 말고 균형 있게 다루라는 뜻이겠죠. 이전의 교육과정에서 '지식'을 강조했다면, 개정된 교육과정에서는 '지식'을 아는 것에서 그치는 것이 아니라 이를 익히고 활용하는 것에도 중점을 두고 있다고 할 수 있습니다. 결국 교사가 수업할 때

지식만을, 혹은 반대로 기능만을 강조하면 안 될 것입니다. 학생중심수업은 지식과 기능의 적절한 조화를 통해 이루어지니까요.

　성취기준을 해석할 때 또 하나 눈여겨볼 점은 성취기준의 '도달점'이라는 단어입니다. 도달점이 있다면 당연히 출발점도 있겠죠? 출발점과 도달점 사이에는 무엇이 있을까요? 네, 맞습니다. 도달점까지 오는 과정이 있을 것입니다. 요즘 과정에 관한 이야기가 많은 이유 역시 이것입니다. 또, 학생은 출발점에서 출발하여 지식과 기능을 익히며 도달점에 도착하기까지 뭔가를 수행하면서 오게 됩니다. 그리고 이렇게 수행하는 능력을 평가하는 것이 바로 수행평가입니다. 따라서 수행평가는 학생 학습의 출발, 과정, 결과를 모두 확인할 수 있어야 합니다. 결국 성취기준 안에는 수업과 평가가 모두 들어 있다고 볼 수 있습니다. (『교육과정문해력, 배움을 디자인하다』, 최무연)

성취기준, 수업과 평가의 비밀을 풀다

성취기준을 분석하는 특급 비법

"성취기준을 분석해야 합니다."

교육과정 연수에 가면 매번 성취기준을 분석하라고 하지만, 성취기준을 어떻게 분석해야 하는지에 대한 구체적인 방법론은 매우 빈약한 것이 사실입니다. 따라서 이 장에서는 그동안 주먹구구식으로 이루어져 왔던 성취기준 분석 방법을 구체적으로 살펴보도록 하겠습니다.

성취기준은 내용 면에서 '지식'과 '기능'으로 구성되어 있습니다. 따라서 성취기준 분석의 시작은 성취기준에서 '지식'과 '기능'을 찾는 데서부터 출발합니다. 다음 성취기준을 보세요.

[6국05-03] 비유적 표현의 특성과 효과를 살려 생각과 느낌을 다양하게 표현한다.

이 성취기준의 지식과 기능은 무엇일까요? 이 성취기준의 지식은 '비유적 표현' 혹은 '비유적 표현의 특성과 효과'이고, 기능은 '표현한다'입니다.

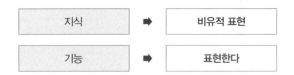

대부분의 선생님들이 쉽게 찾으셨을 겁니다. 그런데 어떻게 찾으셨나요, 그냥 감으로? 보다 체계적인 성취기준 분석을 위해서는 각 품사를 찾을 필요가 있습니다. 성취기준을 잘 살펴보면 성취기준의 지식은 '명사' 또는 '명사형'으로 되어 있고, 기능은 '동사'로 되어 있다는 것을 발견할 수 있습니다.

따라서 성취기준의 일반적인 구조는 다음과 같습니다.

지식(명사, 명사형) 분석하기

성취기준에서 지식을 찾는 것은 어렵지 않습니다. 성취기준에서 명사 또는 명사형을 찾으면 되니까요. 사실 성취기준에서 지식을 찾는 것보다 더 중요한 것은 지식에서 구체적으로 가르쳐야 할 '학습요소'를 찾는 것입니다. 앞의 성취기준에서 지식이 '비유적 표현'이라면 '비유적 표현'에서 구체적으로 가르쳐야 할 '학습요소'는 무엇일까요? 모두가 알다시피 비유적 표현의 학습요소는 '은유법'과 '직유법'입니다. 학습요소도 그리 어렵지 않습니다. 교사용 지도서나 교과서 또는 성취기준 원본에 잘 나와 있으니까요.

이 성취기준의 지식은 '비유적 표현'이고, 학습요소는 '은유법'과 '직유법'입니다. 성취기준에서 지식이란 학생 입장에서는 '알아야 하는 것'이고, 교사 입장에서는 '가르쳐야 하는 것'에 해당합니다. 따라서 성취기준에서 지식을 분석한다는 것은 '무엇을 가르치고, 무엇을 배워야 하는가?'를 결정하는 과정이라고 할 수 있습니다.

기능(동사) 분석하기

사실 기능, 즉 동사는 '분석한다'보다는 '해석한다'가 더 정확한 표현입니다. 명사인 지식은 명확하기 때문에 의미 그대로 받아들이면 되니 따로 해석할 필요가 없습니다. 그러나 동사는 다릅니다. 동사는 어떻게 해석하느냐에 따라 그 결과가 달라지니까요. 위의 성취기준의 기능은 알다시피 '표현하다'입니다.

| 기능 | ➡ | 표현한다 |

이 '표현하다'가 무엇을 뜻할까요? 단어 자체로 무슨 말인지 분명하지 않기 때문에 해석이 필요합니다. 국어 교과에서 '표현하다'는 무엇을 뜻할까요? 가장 먼저 떠오르는 것은 '말하기'와 '쓰기'입니다. 만약 교사가 '표현하다'를 '쓰기'라고 해석했다면 교사는 '쓰기' 수업을 해야 하고, 반면에 '말하기'로 해석했다면 '말하기' 수업을 해야 합니다.

여기서 하나 더 생각할 것이 있습니다. '무엇'을 표현하게 하느냐를 결정하는 것이죠. '생각과 느낌'을 표현하는 글의 종류는 일반적으로 문학 작품입니다. 이런 식으로 '표현하다'를 '문학'으로 해석했다면 이 수업은 문학에 관련된 글을 쓰거나 말하기를 해야 합니다. 그런데 '문학'에도 종류가 많지요? 여기서 또 한 번 해석이 필요합니다. 문학 작품 중 '생각과 느낌을 표현하는' 대표적인 장르는 무엇이 있을까요? 네, 맞습니다. 바로 '시'입니다. 만약 교사가 이렇게 해석했다면 이 수업은 '시'를 쓰는 수업이 될 것입니다.

또 다른 방법으로 동사를 해석해보겠습니다. 성취기준에는 모두 코드번호가 주어집니다. 이 성취기준은 '6국05-03'입니다. 이때 '05'는 교과의 영역을 나타냅니다. 국어 교과 '05'는 어떤 영역일까요? 바로 '문학' 영역입니다. 따라서 이 성취기준은 '문학'으로 표현해야 한다는 해석이 가능합니다. 이 '문학' 중 '생각과 느낌'을 표현하는 대표적인 장르가 '시'가 되는 것이지요. 결국 위의 성취기준은 '비유적 표현이라는 지식을 알고 이를 적용하여 시를 쓴다' 정도로 분석할 수 있습니다. 정리하면 다음과 같습니다.

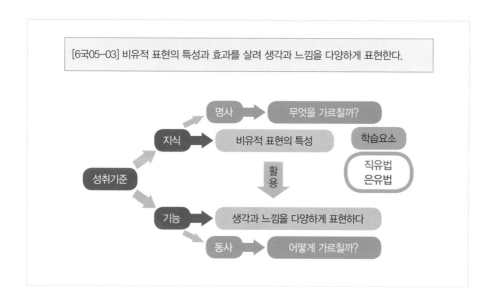

[6국05-03] 비유적 표현의 특성과 효과를 살려 생각과 느낌을 다양하게 표현한다.

명사 → 무엇을 가르칠까?

지식 → 비유적 표현의 특성

학습요소

직유법
은유법

성취기준

활용

기능 → 생각과 느낌을 다양하게 표현하다

동사 → 어떻게 가르칠까?

동사를 해석하면 수업과 평가가 보인다!

그렇다면 수업을 설계하는 열쇠를 쥐고 있는 것은 무엇일까요? 수업에 직접적인 영향을 주는 것은 '지식'보다는 '기능'인 '동사'라고 할 수 있습니다. 만약 앞의 성취기준에서 '생각과 느낌을 다양하게 표현한다'를 '시를 쓴다'로 해석했다면, 이 해석에 따라 수업의 방향과 평가가 결정됩니다. 교사가 '시'를 쓰는 것으로 정했다면 이 수업은 '시'를 쓰는 수업이 될 것이고, 학습결과물 역시 '시'가 나올 것이며, 평가도 '시'로 해야 합니다.

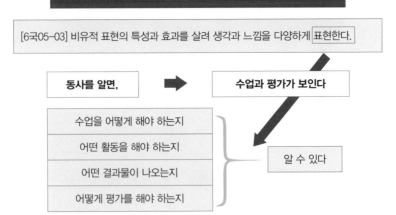

이처럼 '동사'를 해석하면 이에 따라 수업을 어떻게 해야 하는지, 어떤 활동을 해야 하는지, 어떤 결과물이 나오는지, 어떻게 평가할 것인지가 결정됩니다. 따라서 '동사'를 해석하면 수업과 평가가 보인다고 할 수 있습니다. 이상의 내용을 정리하면 다음과 같은 성취기준 분석 방법이 완성됩니다.

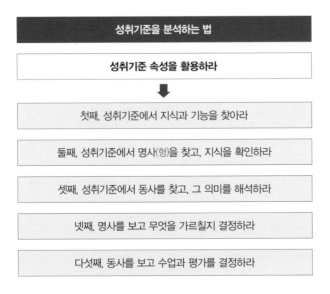

성취기준을 분석하다 보면 그동안 우리가 지식 위주의 교육을 해왔다는 생각을 많이 하게 됩니다. 이 수업도 성취기준 분석을 하기 전에는 '비유적 표현'을 가르치는 시간으로만 인식했지요. 그러나 동사 위주로 생각하면 이 수업은 '시'를 쓰는 수업이 됩니다.

여기서 하나 알아둘 것이 있습니다. 교사가 성취기준을 분석할 때 기계적이고 일률적인 것보다는 교사의 자율성과 전문성을 바탕으로 보다 능동적이고 적극적으로 해석할 필요가 있다는 점입니다. 모두 알다시피 해석의 영역은 전문성과 함께 자율성이 보장되어야 합니다. 그래야 창의적인 해석도 가능하니까요.

성취기준 분석?
특급 비법은 따로 있다

성취기준에서 '동사'를 해석하는 특급 비법

성취기준에서 '동사'에 따라 수업과 평가가 달라진다는 것은 실제 성취기준을 살펴보면 확연하게 구분할 수 있습니다. 다음의 두 성취기준은 2015 개정교육과정과 2009 개정교육과정의 성취기준입니다.

2015 개정교육과정	[6국05-03] 비유적 표현의 특성과 효과를 살려 생각과 느낌을 다양하게 표현한다.

VS

2009 개정교육과정	문학: 작품에 나타난 비유적 표현의 특성과 효과를 이해한다.

표현한다 vs 이해한다

두 성취기준의 차이가 느껴지나요? 두 성취기준은 그 성격이 비슷하며, 차이는 '표현한다'와 '이해한다' 정도입니다. 어떤 차이가 있는 걸까요?

표현한다: 앞에서 이미 '표현한다'는 '시'라고 해석했었습니다. 2015 개정교육과정에서는 성취기준이 '표현한다'이기 때문에 반드시 비유적 표현을 사용하여 '시'를 써야 하겠지요.

이해한다: 반면에 2009 개정 교육과정의 '이해한다'는 반드시 '시'를 써야 하는 것은 아닙니다. 비유적 표현의 특성을 이해하고, 비유적 표현을 사용하면 좋은 점이 무엇인지 정도만 알면 되는 것입니다.

따라서 '이해한다'가 비유적 표현의 '지식'을 강조한 수업이라면, '표현한다'는 지식을 '활용'하여 표현하는 '기능'을 더 강조한 것이라고 할 수 있습니다. 이처럼 성취기준을 분석하는 첫걸음은 동사를 해석하는 것에 달려있다고 해도 과언이 아닐 만큼 중요합니다.

활동과 평가, 결과물은 동사가 지배한다!

교사가 교육과정을 분석하거나 설계할 때 가장 많이 사용하는 것이 바로 Bloom의 인지 영역 교육목표 분류입니다. Bloom은 인지적 영역을 6개의 수준으로 분류하고, 다양한 유형의 인지 학습을 '행위동사'로 구체화하여 사용해왔습니다.

Bloom의 이러한 분류는 학습목표 진술이나, 교육과정 설계, 평가 등에 많은 영향을 끼쳤습니다. 특히 눈여겨볼 것은 동사입니다. Bloom은 인지적 지식을 수준별로 나누어 놓고, 이것을 학습하기 위한 목표 진술을 위해 동사를 따로 분류했습니다. 또한 지식과 동사에 따른 학습결과물의 유형도 함께 분류해 놓았습니다. 이것은 지식(명사) 수준 → 동사의 예 → 평가(학습결과물)로 이어지는 관계를 설정하고 있습니다.

Bloom의 인지 영역의 교육목표 분류

	지식 수준	동사의 예	평가(학습결과물)
지식	구체적 사실, 사건, 인물, 날짜, 방법, 절차, 개념, 원칙과 이론 등 학습했던 것의 재생과 기억	명명하다, 연결하다, 나열하다, 재생하다, 선택하다, 다시 말하다, 진술하다, 정의하다, 기술하다, 재생산하다	사건, 사람, 녹음, 신문, 잡지기사, 텔레비전쇼, 라디오, 텍스트 읽기, 영화/비디오, 연극, 시나리오
이해	의미를 이해하고, 파악, 상징 체계 전환(예: 퍼센트를 분수로), 해석, 설명, 예측, 추론, 재진술, 추정, 일반화, 이해를 증명하기 위해 사용하는 능력	설명하다, 전환하다, 해석하다, 다른 말로 바꾸어 표현하다, 재배열하다, 요약하다	드라마, 촌극, 카툰, 이야기, 테이프녹음, 스피치, 사진, 다이어그램, 그래프, 자기진술, 모델, 판단(결론), 아이디어에 기초한 함축, 평범한 관계 진술, 요약, 유추, 개요, 비교
적용	추상적 개념, 규칙, 일반화된 방법을 새롭고 구체적인 상황에 활용하는 능력	변화시키다, 증명하다, 수정하다, 산출하다, 풀다, 구성하다, 적용하다, 활용하다, 보여주다	맵핑, 프로젝트, 예측, 도표, 예증, 초안, 해법, 질문, 드라마, 그림, 조각, 성과
분석	구성부분이나 요소로 분해하고 다른 요소들 간의 관계를 이해하는 능력	구별하다, 비교하다, 분해하다, 도식화하다, 분별하다, 관련시키다, 분류하다, 범주화하다	보고서, 조서, 그래프, 설문지, 논쟁, 비교 에세이, 마인드맵, 확인된 진술, 깨어진 삼단논법
종합	요소들과 부분들을 새로운 형태와 구소로 배열하고 결합하는 능력	생성하다, 결합하다, 구성하다, 집합시키다, 형성하다, 예측하다, 계획하다, 전망하다, 통합하다	기사, 발명, 리포트, 규칙 혹은 기준 설정, 실험, 게임, 노래, 기계, 행동과정, 연극, 책, 질문, 이론의 공식화

지식 수준		동사의 예	평가(학습결과물)
평가	설정된 준거에 따라 대상의 특질, 가치를 판단하는 능력(예: 결론을 지지하는 증거의 적절성을 결정하는 능력)	정당화하다, 비평하다, 결정하다, 판단하다, 주장하다, 결론을 내리다, 지지하다, 옹호하다, 평가하다, 증명하다, 확인하다.	판단, 자기- 평가, 추천, 가치화, 재판, 조사, 평가, 기준 비교, 기준 설정, 그룹토론
출처	『교실평가의 원리와 실제』, James H. McMillan 지음, 손현숙 외 옮김		『교육과정 매핑의 이론과 실제』, JANET A. HALE 지음, 강현석 외 옮김

그렇다면 Bloom의 분류에 따라 '표현하다'와 '이해하다'를 적용해보겠습니다.

2015 개정교육과정	[6국05-03] 비유적 표현의 특성과 효과를 살려 생각과 느낌을 다양하게 표현한다.
2009 개정교육과정	문학: 작품에 나타난 비유적 표현의 특성과 효과를 이해한다.

명사
비유적 표현

동사
표현한다 이해한다

Bloom의 분류에 따르면 '표현하다'는 '비유적 표현을 알고 적용해야 하는 것'입니다. 지식 수준은 '적용' 혹은 비유적 표현으로 작품을 만들어야 하니 '종합'에 해당합니다. 지식 수준이 '적용'이나 '종합'으로 결정되면 여기에 해당하는 '동사의 예'를 보고 '적용'이나 '종합'에 해당하는 행위 동사를 확인한 후 이 동사에 따라 학습결과물을 결정하면 됩니다. 또 이 학습결과물은 평가의 대상이 됩니다. 따라서 '표현하다'의 경우 교사는 '적용'이나 '종합'에 해당하는 수업을 설계하고, 그것에 맞는 학습결과물을 만들어 평가합니다.

반면에 '이해하다'는 학습한 내용을 기억 혹은 재생할 수 있거나 이를 이해하는 것이기 때문에 '지식' 혹은 '이해'에 해당합니다. 따라서 '이해한다'의 경우 교사는 '지식'과 '이해'에 해당하는 수업을 설계하고, 그것에 맞는 학습결과물을 만들어 평가하겠지요?

　Bloom의 분류표는 시간의 흐름에 따라 다양하게 변형되어 발전하고 있으며, 오늘날 수업과 평가를 설계할 때 많이 사용됩니다. 특히 '동사'에 따라 수업과 평가가 모두 달라질 수 있다는 것을 알려줍니다.

성취기준, 수업과 평가가 되다

지금까지 성취기준을 분석하는 방법을 알아봤다면, 이번 장에서는 성취기준 진술에 따라 수업과 평가를 어떻게 해야 하는지를 알아보겠습니다. 다음의 두 성취기준을 살펴볼까요? 이번 성취기준도 역시 하나는 2009 개정 교육과정이고, 다른 하나는 2015 개정 교육과정입니다.

① 2009 개정교육과정	적절한 설명 방법을 사용하여 대상의 특징이 드러나게 글을 쓴다.
VS	
② 2015 개정교육과정	[6국05-03] 목적이나 대상에 따라 알맞은 형식과 자료를 사용하여 설명하는 글을 쓴다.

성취기준 ①은 앞에서 말한 것처럼 '지식'에 중점을 둡니다. '적절한 설명 방법'인 '분석, 분류, 비교와 대조'를 알고 이것을 사용하여 설명하는 글을 쓰는 수업을 하도록 구성되어 있습니다. 이 성취기준은 '적절한 설명 방법'에 집중하고 있으

니 학습자는 설명하는 방법을 선택하고, 그 방법에 맞는 설명하는 글을 써야 하지요. 이 성취기준의 도입 취지는 설명하는 방법을 알고, 이를 적절하게 적용하는지에 더 관심이 있습니다.

성취기준 ②는 '지식'보다는 '활용'에 더 집중합니다. 학습자가 글을 쓰는 목적이나 대상을 정해야 하고, 거기에 맞는 설명하는 형식을 정한 후 자료를 찾아 설명하는 글을 써야 합니다.

만약 ①번 성취기준을 프로젝트 수업의 탐구질문으로 표현하면 다음과 같습니다.

> 우리가 어떻게 하면 K-POP의 특징이 잘 드러나게 설명하는 글을 쓸 수 있을까?

반면에 ②번 성취기준을 탐구질문으로 표현하면 다음과 같습니다.

> 우리가 어떻게 하면 K-POP을 잘 모르는 교장 선생님께 K-POP의 특징이 잘 드러나게 설명하는 글을 쓸 수 있을까?

성취기준 ②번으로 수업한다면 평가 문항이나 수행과제도 다음과 같이 달라질 겁니다.

수행과제 예시
과제 1: 설명할 대상 찾기
과제 2: 설명 방법 및 내용 정하기
과제 3: 자료 찾기
과제 4: 설명문 쓰기

이 수업을 위해서는 학생들에게 설명할 대상을 찾아야 하고, 그에 맞는 설명하는 방법도 결정해야 합니다. 또 적절한 '자료'를 사용해야 합니다. 평가할 때 역시 자료 사용에 관한 것을 추가해야 합니다. 예를 들면 채점기준표에 '백과사전의 인용은 1회로 제한하고, 서로 다른 자료를 3번 이상 인용해야 한다' 등이 들어가야겠지요. 물론 설명하는 글을 쓰는 목적과 누구에게 쓰는 것인지, 그리고 그것이 설명하는 글의 형식에 맞게 쓰는 것인지도 채점기준표에 들어가야 합니다.

5

교육과정 성취기준이
프로젝트 수업이 되는 5가지 법칙

성취기준으로 프로젝트 수업을 만드는 법

성취기준을 분석했으면 이제 수업을 만들어야 합니다. 저는 성취기준으로 프로젝트 수업을 만드는 과정을 다음과 같이 5단계로 나누었습니다. (『교육과정 문해력, 배움을 디자인하다』, 최무연) 성취기준을 분석하여 프로젝트 수업을 설계하는 과정은 8부 1장 '성취기준을 분석하고 수업을 설계하다'에서 자세하게 다루니 참고하세요.

1단계: 성취기준을 분석해서 지식과 기능으로 분리하라.

성취기준을 활용하여 프로젝트 수입을 실계하려민 성취기준의 속성을 활용하여 성취기준을 지식과 기능으로 분리합니다.

2단계: 지식에서 학습요소를 찾아라.

성취기준에서 지식을 찾았다면 구체적으로 무엇을 가르칠지 학습요소를 찾습니다.

3단계: 지식을 활용해서 기능을 익혀라.

프로젝트를 수행하기 위해서는 지식과 기능을 익혀야 합니다. 따라서 프로젝트 수업을 설계할 때 지식과 기능을 익힐 수 있도록 수업을 구상합니다.

4단계: 과제를 수행하고, 결과물을 만들어라.

프로젝트 수업은 결과물이 중요합니다. 따라서 학생들이 지식과 기능을 활용하여 결과물을 만들 수 있도록 설계합니다.

5단계: 결과물을 발표할 방법을 찾아라.

마지막으로 결과물을 발표할 방법을 찾아서 학생들에게 결과물을 발표할 기회를 줍니다.

6 성취기준 분석 폼을 공개합니다

교육과정 재구성 연수에 참석해보면 많은 선생님들이 성취기준을 분석하는 양식을 궁금해합니다. 실제로 많은 선생님들이 성취기준 폼이 있으면 달라고 하기도 하지요. 그러나 성취기준을 분석하기 위한 표준화된 양식도 없을 뿐더러 그 종류도 매우 부족한 것이 현실입니다. 다음 양식은 성취기준의 속성과 프로젝트 수업설계 과정에 맞게 만든 것입니다. 이 양식의 자세한 사용법은 8부에서 확인할 수 있습니다.

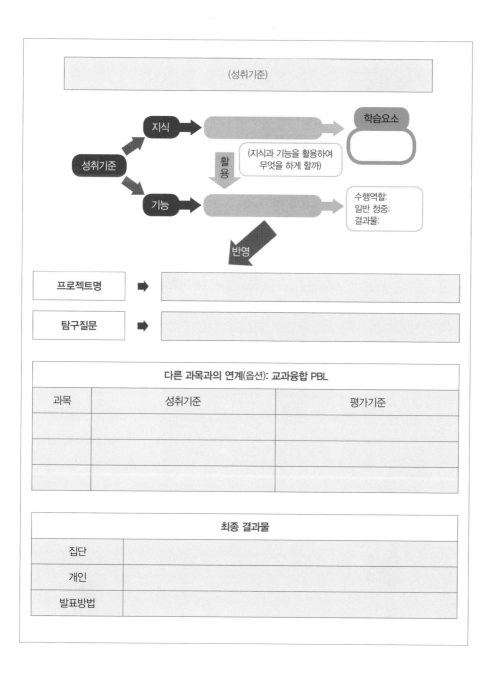

(성취기준)

지식

성취기준

기능

학습요소

활용

(지식과 기능을 활용하여 무엇을 하게 할까)

수행역할:
일반 청중:
결과물:

반영

프로젝트명	➡	
탐구질문	➡	

다른 과목과의 연계(옵션): 교과융합 PBL		
과목	성취기준	평가기준

최종 결과물	
집단	
개인	
발표방법	

4부

교사의 아픈 손가락,
평가의 길을 찾다

교사의 아픈 손가락, 평가의 기본을 이해하다

평가가 어려운 현실적인 이유

평가는 교사의 아픈 손가락 중에서도 가장 많이 아픈 손가락이 아닐까 합니다. 많은 선생님이 수업은 잘할 수 있는데 평가는 어렵다고 말하며 자신 없어 합니다. 평가에 대해 어려움을 느끼는 이유는 보통 이런 것들입니다.

첫째, 평가에 대한 전반적인 생각이 정립되지 못한 상태에서 급격하게 변화를 주려 하기 때문입니다. 최근 몇 년 사이에 학교현장에서는 평가를 다르게 보고자 하는 많은 시도가 있었습니다. 그에 따라 평가도 많은 변화를 겪었습니다. 아마 평가만큼 많은 변화를 겪은 것도 없을 것입니다.

평가의 변화 속도와 폭이 빠르고 넓은 것에 비해 학교현장은 기존의 지식과 관행, 경험을 토대로 평가를 실시하고 있습니다. 이런 상황에서 하루아침에 새로운 평가를 해야 한다며 기존의 평가를 부정하고 새로운 평가를 하라고 하니 자신이 가지고 있던 가치관과 새로운 평가에 대한 가치관이 서로 충돌하고 혼재하게 되었습니다. 여기에 평가에 대한 기초지식이 부족한 것이 일조했지요. 확실한 기초가 없는 상태에서 새로운 평가까지 들어오니 평가에 대한 전반적인 생각이 정립되지 못하고 있는 상황입니다.

둘째, 교육당국의 조급한 마음도 한몫했습니다. 평가에 변화를 주기 위해서는 현장과의 긴밀한 협조를 통해 교육과정-수업-평가의 모든 면에서 변화가 필요합니다. 그러나 사전에 이러한 작업 없이 조급하게 새로운 평가를 밀어붙이다 보니 이상과 현실 사이에 괴리가 발생했습니다. 교육당국은 이상적인 평가 모습을 현장에 강요하고, 현장에서는 이를 구체적으로 실천하기가 어려워 형식적인 평가가 되고만 것입니다.

셋째, 교육당국에서도 평가에 대한 정확한 이해가 없기는 마찬가지입니다. 평가가 한창 변화를 겪을 때 일부 지역에서는 모든 평가를 '논술형'으로 한다고 한 것이 대표적인 예입니다. 이것은 '평가는 목적과 특성에 따라 다양한 방식이 존재하여, 그 목적에 따라 가장 적합한 평가방법을 사용해야 한다'는 가장 기본적인 평가 원칙을 무시한 경우라고 할 수 있습니다.

기준참조교육과 기준(준거)참조평가

그렇다면 정말 평가를 잘하는 방법은 없을까요? 가장 중요한 것은 평가의 기본적인 생각을 이해하는 것입니다. 예를 들어 요즘 평가의 화두인 '과정중심평가'의 경우 과정중심평가가 나오게 된 배경이나 그 이면에 어떤 생각이 담겨 있는지를 생각해봐야 하는 것이죠. 그래서 평가를 제대로 이해하려면 '기준참조교육'부터 이해할 필요가 있습니다. 기준참조교육은 평가뿐만 아니라 교육과정-수업-평가에 전반적인 영향을 끼치니까요.

기준참조교육(standard-based education)

요즘은 '기준 전성시대'인 모양입니다. 수업에서는 '성취기준'으로 수업하라고 하고, 평가에서는 '평가기준'으로 평가하라고 합니다. 이처럼 '기준'을 가지고 교육하고 평가하는 것을 '기준참조교육'이라고 말합니다. 성취기준으로 수업하면 '기준참조수업'이 되고, 평가기준으로 평가하고 평가기준에 따라 성적을 부여하면 '기준참조평가'가 되는 것이지요.

기준(준거)참조평가

'기준참조평가'라는 용어는 『교실평가의 원리와 실제』(James H. McMillan)에서 제시한 용어를 그대로 가져왔습니다. 같은 책의 각주를 보면 이 용어를 다음과 같이 설명합니다.

"일반적으로 평가 결과를 해석하고 보고하기 위해 무엇과 비교하거나 참조하는가에 따라 규준참조평가, 준거참조평가, 능력참조평가, 성장참조평가로 구분한다(성태제, 2014). 이러한 분류를 참고할 때 개념적으로는 (중략) 기준참조 성적 부여 방식은 준거참조평가의 과정과 동일하다고 할 수 있다. 개념적으로는 동일하다 해도 이 책에서는 원문에 보다 충실하기 위해 개별학교 참조, 기준참조라는 용어를 활용하여 번역한다."

학교현장에서 성취기준, 평가기준 등 '기준'이라는 용어에 더 익숙하니 이 책에서도 준거참조평 대신 기준참조평가라는 용어를 사용하겠습니다.

기준참조교육과 기준(준거)참조평가의 특징

첫째, 성취기준, 평가기준, 채점기준 등을 미리 제시해야 합니다.

기준참조교육은 일정한 기준을 가지고 수업과 평가를 합니다. 이렇게 기준을 가지고 수업과 평가를 할 때는 기본적인 전제가 있습니다. 수업과 평가에 앞서 기준을 먼저 제시해야 한다는 점입니다. 학생들이 기준이 무엇인지를 분명히 알아야 자신이 무엇을 해야 하고, 어떻게 해야 하는지를 알게 됩니다. 기준참조평가를 예로 든다면 학생들에게 평가 전에 미리 평가기준과 구체적인 채점기준을 제시한 후에 평가를 합니다. 기준참조평가의 이런 특성은 기존의 관행과는 정반대라고 할 수 있습니다. 지금까지는 평가가 끝난 후에 채점기준을 제시했습니다. 수업이 끝난 후에 평가하는 것에 익숙하고, 채점기준도 채점이 모두 끝난 후에 공개하는 것이 일반적이었습니다.

둘째, 절대평가를 기본으로 합니다.

기준참조평가는 기준을 먼저 제시하고, 기준의 도달 정도에 따라 등급을 나누는 형식입니다. 만약 교사가 상/중하/의 기준을 제시하고, 학생이 교사가 제시한 기준에 맞게 통과하면 기준 통과 정도에 따라 상/중/하의 점수를 부여합니다. 이처럼 기준참조평가는 절대평가를 기본으로 합니다.

셋째, 학습과 평가가 명확하게 구분되지 않고 학습이 곧 평가가 될 수 있습니다.

'기준을 제시한다'는 것은 학생들이 해야 할 수행과제와 그 결과물이 어떠해야 한다는 것을 미리 제시한다는 뜻입니다. 학생들은 수업시간에 교사가 부여한 과제를 수행하며, 이 과제의 결과물이 곧 평가의 대상이 되는 것이지요. 학생들은 교사로부터 채점기준과 평가 내용을 이미 들어 알고 있기 때문에 수행과제를 이 기준에 맞게 수행하게 됩니다.

잘 살펴보면 수업과 평가가 하나가 되는 구조입니다. 학생은 교사가 제시한 과제를 했는데(수업) 그것이 바로 평가가 되는 구조라고 할 수 있습니다. 이러한 구조는 자연스럽게 교수와 평가가 하나가 되어 교육과정-수업-평가 일체화를 실현시킬 수 있습니다. 또한 학생들이 수업의 전 과정에 걸쳐 과제를 수행하기 때문에 과제 수행 과정을 확인할 수 있는 과정 중심평가도 가능합니다.

규준참조평가와 기준(준거)참조평가

기준참조평가와 더불어 알아두면 좋은 평가가 바로 규준참조평가입니다. 규준참조평가는 지금까지 해왔던 평가를 말합니다. 지금까지는 진도를 다 나간 후 총괄평가 중심으로 마지막에 평가를 했습니다. 평가 범위만 알릴 뿐 무엇이 나올지는 철저하게 비밀입니다. 평가의 목적은 누가 더 많이 아는가를 확인하기 위한 것이었습니다. 따라서 규준참조평가는 상대평가를 기반으로 합니다. 규준참조평가는 객관성을 담보하기 위해 평가 문항이 많으면 많을수록 더 정확해집니다. 기준참조평가가 과정 중심이나 학습 도중에 평가가 이루어진다면, 규준참조평가는 '학습결과에 대한 평가'에 해당됩니다. 이처럼 기준참조평가와 규준참조평가는 서로 반대쪽에 있다고 할 수 있습니다.

규준참조와 기준참조 방식의 특성 비교

	규준참조	기준참조
해석	다른 학생의 수행과 비교	이미 설정된 기준과 준거와 비교
점수의 성격	백분위; 표준점수; 등급분포	정답률; 기술된 수행 기준
검사 문항의 난이도	다양한 점수 분포 확보를 위한 평균난이도 문항 활용; 매우 쉽거나 어려운 문항 배제	평균적으로 쉬운 문항을 활용하여 높은 정답률 산출
점수의 활용	서열을 산출하고 학생을 분류함	관찰된 수행수준을 기술
동기화 효과	비교 집단에 의존; 경쟁적	학생들이 구체적인 학습목표를 충족하도록 독려
강점	더욱 어려운 시험에 학생들을 도전하게 하고; 학생들을 분류하는 데 효과적인 수단이 됨	학생 수행과 잘 정의된 학습목표 연결; 경쟁 경감

	규준참조	기준참조
약점	다른 학생과의 비교에 의해 등급 결정; 항상 낮은 등급을 받는 학생 존재	명확하게 잘 정의된 학습목표 설정과 숙달 수준을 포함한 기준 설정의 어려움

출처: 『교실평가의 원리와 실제』, James H. McMillan

교사여, 학생과 함께 수업과 평가를 공유하라!

기준참조교육을 가장 잘 설명하는 말은 '공유'가 아닐까 합니다. 기준참조교육에서 기준을 먼저 제시하는 이유는 수업과 평가를 학생과 공유하고, 학생도 수업과 평가에 대해 고민하게 만들고자 하는 것입니다.

학생과 '수업과 평가'를 공유하면 학생들은 본인이 무엇을 배워야 하고, 평가는 어떻게 받아야 하는지를 알게 됩니다. 자연스럽게 학생도 수업에 어떻게 참여하게 되고, 평가에서 좋은 등급을 받으려면 어떻게 해야 하는지를 고민하게 되겠지요. 결국 기준을 제시한다는 것은 수업과 평가를 학생과 공유하여 학생이 수업에 능동적으로 참여하게 만드는 효과를 가져옵니다. 이것은 기준참조교육이 '학생중심수업'을 이해하는 가장 기본적인 모습이라는 것을 보여주고 있습니다.

교사 입장에서는 기준을 먼저 제시해야 하기 때문에 수업 시작 전에 평가를 미리 개발해야 한다는 것을 의미하기도 합니다. 기준참조평가를 하고 싶다면 수업과 평가를 동시에 개발해야 하지요. 그래야 수업을 시작할 때 평가과제도 알려주고 채점기준도 알려줄 수 있으니까요.

학습과 평가의 모든 것, 한방에 정리하기

학습과 평가의 관계

제가 학생일 때는 중간고사, 기말고사 같은 '시험'만 존재했습니다. 학기별로 중간고사와 기말고사를 쳤으며, 그 결과는 점수와 석차로 나왔지요. 이 시험들은 학습이 끝난 후 누가 얼마나 잘 알고 있는지 학습의 결과를 확인하려는 평가라고 할 수 있습니다. 하지만 요즘은 많이 바뀌고 있습니다. 요즘은 평가를 학습에 활용하기도 하고, 학습하는 과정이 곧 평가가 되기도 합니다. 평가와 수업이 분리되어 있는 것이 아니라 수업과 평가의 구분이 모호하며, 수업과 평가 간의 관계도 다양하게 형성되어 있습니다. 다음 표는 이러한 학습과 평가 간의 관계를 정리한 것입니다.

학습결과에 대한 평가 (Assessment of learning)	학습을 위한 평가 (Assesment for learning)	학습과정으로서의 평가 (Assessment as learning)
총합(총괄)	형성	평가의 본질은 학습과정에 학생을 참여시키는 것
학습결과를 보증하는 것	후속적인 학습에 대한 필요를 기술하는 것	학습에 대한 자기점검 능력을 향상시키는 것
수업 종료 시점에 실시: 산발적	수업 과정에서 실시: 지속적	수업의 각 단위(단원) 동안 실시
흔히 규준참조적 기준을 사용함: 학생들을 서열화	교사들에게 수업을 교정할 수 있도록 함	학습평가 기준에 대한 학생의 이해를 강조함
학습했던 내용에 기반한 질문	교정적인 수업을 제안함	학생이 교정적인 수업을 선택함
일반적	구체적	구체적
학부모에게 성적표를 제공하기 위함	학생에게 피드백을 제공함	학생의 자기점검능력을 향상시키기 위함
학생 동기를 감소시킴	학생 동기를 향상시킴	학생 동기를 향상시킴
매우 효율적이지만, 깊지 않은(피상적인) 평가	깊이 있는(심층) 평가	평가는 학생들을 가르침
신뢰도에 초점	타당도에 초점	타당도에 초점
지연된 피드백	즉시적 피드백	즉시적 피드백
요약적 판단	진단적	진단적

출처: 『교실평가의 원리와 실제』, James H. McMillan

평가 관점의 변화

　평가를 바라보는 관점도 많은 변화를 거쳤습니다. 평가에 대한 관점의 변화는 앞서 다룬 것처럼 기준참조교육과 관련이 많습니다. 성취기준으로 수업하고, 평가 기준으로 평가하다 보니 자연스럽게 학습과 평가를 보는 관점에도 많은 변화를 가져온 것입니다. 학습을 바꾸니 평가가 바뀌고, 평가가 바뀌니 학습이 바뀌는 것이지요. 다음 표는 평가를 보는 관점의 변화를 간단하게 정리한 것입니다.

학습결과에 대한 평가 (Assessment of learning)	학습을 위한 평가(Assesment for learning) 학습과정으로서의 평가(Assessment as learning)
총괄평가	형성평가, 수행평가, 참평가
상대평가	절대평가
결과중심평가	과정중심평가
교사평가	교사평가, 자기평가, 동료평가
학습이 끝난 후	학습의 시작과 중간 전 과정
학습과 평가가 따로 이루어짐	학습과 평가가 명확히 구분되지 않고 학습이 곧 평가가 되기도 하고, 평가가 곧 학습이 되기도 함
성적이나 등급 점수가 명확함	학습이나 수업에 대한 정보 제공을 목적으로 하기 때문에 성적이나 점수가 명확하지 않음
지연된 피드백	즉시적 피드백
성적 중심	진단 중심: 학습과정의 정보 수집 중심
교육과정–수업–평가가 순차적	교육과정–수업–평가 일체화

위의 표를 보면 수업과 평가의 지향점이 무엇이고, 우리의 수업과 평가가 어떻게 변할지를 짐작해볼 수 있는데, 정리하면 '학습결과에 대한 평가'에서 '학습을 위한 평가'나 '학습과정으로서의 평가'로 변화하고 있는 중입니다. 시간이 지나면 지날수록 평가와 학습이 명확하게 구분되지 않은 채 평가가 곧 학습이고, 학습이 곧 평가가 되는 쪽으로 옮겨간다고 할 수 있습니다.

알아두자! 평가 목적에 따라 평가방법도 달라야 한다

여기서 꼭 기억해야 할 것이 평가는 제각기 특정 목적에 맞게 개발되었다는 점입니다. 모든 평가는 그 목적이 다릅니다. 학생의 학습정보를 얻는 평가방법이 있는가 하면, 학습의 과정과 결과를 확인하고자 하는 평가방법도 있습니다. 학생들을 성적순으로 나눌 필요가 있을 때도 있지만 항상 그런 것은 아니라는 게 중요합니다. 평가자의 목적에 따라 평가의 방법은 모두 다릅니다. 하나의 평가로 모든 것을 다 측정할 수는 없으니 평가를 잘하고 싶다면 먼저 평가 목적을 분명히 하고, 평가별로 어떤 특징이 있으며, 어떨 때 사용하는지를 알고 그에 맞는 방법을 선택하여 사용해야 합니다.

또, 평가를 보는 관점과 평가의 종류를 혼동하지 말기 바랍니다. 요즘 많이 나오는 과정중심평가는 평가를 보는 '관점'입니다. 평가하는 방법이 아닙니다! 과정중심평가를 잘하려면 과정중심평가에 적합한 평가방법을 찾아야 합니다. 학생중심수업이 학습방법 중 하나가 아니라 학습을 보는 관점인 것과 같습니다. 학생중심수업도 학생중심수업을 위해 프로젝트 수업을 도입하는 것처럼 과정중심평가도 그에 맞는 평가방법을 도입해야 합니다.

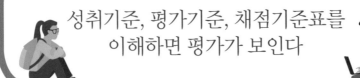

3

성취기준, 평가기준, 채점기준표를 이해하면 평가가 보인다

성취기준, 평가기준, 채점기준표 이해하기 1

평가를 이해하기 위해서는 무엇보다도 가장 기본이 되는 성취기준과 그에 따른 평가기준, 채점기준표에 대한 정확한 이해가 선행되어야 합니다.

성취기준: 성취기준은 앞에서 말한 것처럼 학습자가 알아야 할 지식은 무엇이고, 할 수 있는 것(기능)은 무엇인지를 도달점을 중심으로 종합적으로 나타내고 있습니다. 성취기준은 수업과 평가의 출발점이 되지요.

평가기준[1]: 성취기준만으로는 구체적으로 학생들이 얼마나 알아야 하는지, 어떻게 해야 하는지가 분명하지 않습니다. 따라서 학생들이 얼마나 알아야 하고, 얼마나 할 수 있는지에 대해 구체적으로 기술할 필요가 있는데, 이를 '평가기준'이라고 합니다. 일반적으로 평가기준은 성취기준에 비해 더 구체적입니다.

---

1 2022 개정 교육과정에서는 평가기준이 성취기준별 성취수준으로 용어가 바뀌었습니다.

채점기준표: 채점기준표는 평가기준에 따라 학습자의 평가 결과물을 직접적으로 분류할 수 있도록 마련한 기준표라고 할 수 있습니다. 아주 구체적이고 실질적인 기준을 제시해 학생의 수행 결과를 분류할 수 있는 직접적인 기준을 말합니다.

> 채점기준표: 학생들이 과제 수행을 통해 보여주기를 기대하는 평가기준에 대해 수행의 질을 수준(예: 상/중/하)에 따라 구체적인 언어로 기술한 것
>
> — 출처: 『수행평가와 채점기준표 개발』, 김선 외

학생이 수행 결과물을 제출하면 교사는 그 결과물을 보고 수행의 '질'을 구체적으로 판단하게 됩니다. 이때 교사가 직접적으로 상/중/하로 분류할 수 있는 기준표가 있어야 하는데 그 역할을 하는 것이 바로 채점기준표입니다. 채점기준표는 직접적으로 학생들의 등급을 매기는 것이라 매우 구체적이어야 합니다. 경우에 따라서는 채점기준표와 더불어 구체적인 평가 결과 예시 자료를 제시하기도 합니다. 소고기 등급을 나눌 때 '지방이 ~식으로 분포되어 있는 소고기를 1등급으로 한다'는 '문장'으로 설명된 기준을 읽는 것보다 1등급 샘플 사진을 보고 판단하는 게 더 편한 것과 마찬가지입니다.

성취기준과 평가기준, 채점기준표의 관계를 조금 더 쉽게 이해하기 위해서 과일나무에 비유해보겠습니다. 성취기준은 과일나무를 심어서 기르는 목적에 해당합니다. 나무를 잘 길러서 맛있는 과일을 맺게 하는 것이지요. 따라서 성취기준은 뿌리를 포함해서 나무의 전체적인 모습을 나타낸다고 할 수 있습니다. 성취기준이 나무라면, 평가기준은 '이렇게 농사를 지은 과일이 맛있게 열렸으면 좋겠다'라고 말하는 것입니다. 그렇다면 채점기준표는 어떤 과일이 맛있는 과일인지를 직접 선별하는 작업을 할 수 있도록 도와주는 '기준표'라고 할 수 있습니다. 과일을 보고 상품, 중품, 하품으로 선별하려면 이 채점기준표가 반드시 필요합니다.

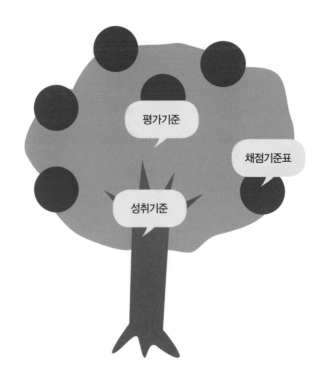

성취기준	평가기준	채점기준표
포괄적	구체적	세부 분류 기준표
나무를 길러 과일을 맺게 한다.	– 과일이 크고, 당도가 높다. – 과일 색깔이 곱고, 윤기가 난다.	상: 600g 이상 중: 400g 이상 하: 399g 이하 혹은 상: 15브릭스 이상 중: 12브릭스 이상 하: 10브릭스 이상 또는 상: 상에 해당하는 과일 사진자료 직접 제시 중: 중에 해당하는 과일 사진자료 직접 제시 하: 하에 해당하는 과일 사진자료 직접 제시

과정중심평가에 대한 이해

그런데 요즘은 결과물인 과일뿐만 아니라 나무가 자라서 열매를 맺기까지의
전체 성장 과정을 보고자 합니다. 우리는 그것을 '과정중심평가'라고 할 수 있습니
다. 자라는 동안 나무가 좋은 열매를 맺을 수 있도록 그때그때 영양분을 보충하는
(피드백) 일을 하는 것이지요. 예전에는 좋은 과일만 골라냈다면 이제는 과일나무를
기르고, 과일을 맺고, 과일의 질(상품성)을 모두 평가하는 것이라고 말할 수 있습니다.

성취기준, 평가기준, 채점기준표 이해하기 2

성취기준: 우리나라는 성취기준을 국가에서 제시해줍니다. 성취기준은, 일종의 목
표 제시와 비슷하므로 문장의 어미는 주로 목적 지향적인 미래형이나 현재형으로
표현됩니다.

평가기준: 평가기준도 국가에서 제시해줍니다. 그러나 평가기준은 예시의 성격이
강합니다. 따라서 성취기준과 달리 평가기준은 교사가 평가장면에 따라 수정할 수
있습니다. 평가도 구체적인 목표를 제시하기 때문에 미래형이나 현재형 문장으로
표현됩니다.

채점기준표: 반면에 채점기준표는 국가에서 어떠한 형태로도 제시하지 않습니다.
교사의 수업과 평가장면이 모두 다르니 국가가 일률적으로 제공할 수 없고, 상황
에 따라 그 판단 기준도 달라지기 때문입니다. 따라서 채점기준표는 오로지 교사
가 개발해야 합니다.
채점기준표는 하나의 '문장'으로 표현되기도 하지만, 경우에 따라서는 예시 자료
를 제공하기도 합니다. 따라서 문장으로 표현하기 어려운 '서술형'이나 '논술형'

평가의 경우 학생들에게 채점기준표와 더불어 예시작품을 제시해야 합니다. 채점기준표는 목적을 얼마나 달성한 것인가를 확인하는 과정이기 때문에 문장은 과거형으로 표현됩니다.

성취기준, 평가기준, 채점기준표 관계표

성취기준	평가기준	채점기준표
나무를 기르고 열매를 맺게 함	어떤 열매를 원하는지 기준을 정함	열매의 질(상품성)을 검사함
국가에서 제시	국가에서 제시하나, 교사가 편의에 따라 수정 가능	교사가 개발해야 함
국가교육과정정보센터에서 다운로드 가능	국가교육과정정보센터 다운로드 가능	국가에서 제공하지 않음
목표이기 때문에 문장은 현재 또는 미래형으로 표현	목표를 이룰 기준이기 때문에 문장은 현재 또는 미래형으로 표현	결과를 보고 채점하기 때문에 문장은 과거형으로 표현
문장으로 제시	문장으로 제시	문장으로 제시, 또는 문장+구체적인 예시 답안 제시

4

수행평가,
학생중심수업의 중심이 되다

수행평가란 무엇인가?

우리나라에 수행평가가 도입된 것은 교육과정에 성취기준이 도입된 것과 그 역사를 함께합니다. 그만큼 성취기준과 수행평가는 밀접한 관련이 있다고 할 수 있습니다. 따라서 수행평가를 이해하기 위해서는 먼저 성취기준을 살펴볼 필요가 있습니다.

[2015 개정 교육과정의 성취기준]
교과를 통해 학생들이 배워야 할 지식과 기능, 수업 후 학생들이 할 수 있어야 할, 또는 할 수 있기를 기대하는 능력을 나타내는 결과 중심의 **도달점**, 교과의 내용(지식)을 적용하고 문제해결을 하는 **수행 능력**

3부에서 살펴본 것처럼 성취기준은 '결과 중심의 도달점' 중심으로 기술되어 있고, 학생은 도달점까지 오는데 그냥 오는 것이 아니라 교과의 내용을 적용하여 문제해결 즉 과제를 수행하면서 옵니다. 그리고 그 과제해결 능력(수행능력)을 확인하는 것을 수행평가라고 할 수 있습니다. 이처럼 수행평가는 과정과 결과를 모두 평가할 수 있는 평가방법이기 때문에 과정중심평가나 학생중심수업에서 평가방법으로 많이 활용합니다.

> "수행평가란 학생들의 지식, 기술, 혹은 기능의 수준이나 정도를 알아보기 위해 실제상황이나 인위적 평가 상황에서 학생들에게 과제를 수행하게 하여, 학생들의 과제 수행 과정이나 학생들이 직접 만들어낸 산출물 혹은 2가지 모두를 정해진 준거에 따라 관찰과 판단을 통해 평가하는 것을 말한다."
>
> – 「수행평가와 채점기준표 개발」, 김선 외

수행평가의 특징

『수행평가와 채점기준표 개발』에서는 수행평가의 특징을 다음과 같이 설명하고 있습니다.

첫째, 수행평가는 학생들이 주어진 선택지에서 정답을 고르도록 하지 않고 직접 무엇을 만들거나, 말하거나, 활동하게 하여 평가한다.

둘째, 평가 상황은 가능하면 실제상황에 가깝도록 구성한다.

셋째, 수행평가는 내용이 복잡하고 학생들의 내용에 대한 깊은 이해가 필요한 과제 개발을 통해 고차적인 사고능력을 직접적으로 측정할 수 있다.

넷째, 수행평가는 학생들의 수행 '과정'과 '산출물' 혹은 이 2가지를 모두 평가 대상으로 한다.

다섯째, 수행평가는 개인뿐만 아니라 집단으로 과제를 수행하도록 설계할 수 있다.

여섯째, 수행평가를 채점하기 위해서는 교사들이 채점기준표에 따라 채점하는 것에 익숙해지도록 하는 것이 필요하다.

수행평가의 장단점

모든 평가와 마찬가지로 수행평가도 장단점이 뚜렷합니다. 수행평가의 장단점을 이해하면 그만큼 수행평가 실시에 도움이 될 것입니다. 다음 표는 수행평가의 장단점을 한눈에 알 수 있도록 키워드별로 정리해 놓은 내용입니다.

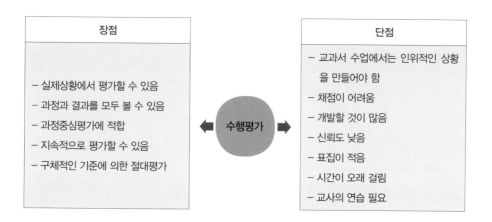

수행평가 필수 아이템,
수행과제를 개발하라

수행평가가 어렵게 느껴지는 것은 교사가 직접 개발해야 할 것이 많기 때문입니다. 구체적으로 보면 다음과 같은 것들을 개발해야 합니다.

첫째, 수행과제와 그에 따른 결과물을 개발해야 합니다.

둘째, 채점할 채점기준표를 개발해야 합니다.

셋째, 채점의 근거가 될 학습양식(개별 활동지)의 개발이 필요합니다. 학습양식(개별 활동지)은 학습의 과정을 확인할 수 있는 과정을 논리적이고, 순차적으로 기록할 수 있도록 개발해야 합니다.

– 수행(평가)과제 – 결과물	교사가 개발 해야 할 것	– 채점기준표 – 과정을 기록할 수 있는 학습양식

가장 현실적이고 효과적인 수행평가 과제 개발법

수행평가는 실제상황이나 인위적 평가 상황을 학생에게 주고 학생은 이 상황에 맞는 수행과제를 수행합니다. 따라서 수행평가를 위해 가장 먼저 교사가 개발해야 하는 것이 바로 수행평가 과제입니다. 수행평가 과제에 대한 정의는 다음과 같습니다.

> "학생들이 교육목표에 기술된 지식이나 기술을 갖추고 있다는 것을 증명하기 위해 수행으로 보여주어야 하는 것"
>
> – 「수행평가와 채점기준표 개발」, 김선 외

첫째, 수행과제의 예시를 참고하라.

수행과제를 개발할 때 참고할 만한 수행 유형을 가지고 있다면 많은 도움이 될 것입니다. 수행의 유형을 살펴보고, 수업과 관련된 유형을 선택하여 그것으로 개발하는 것이지요. 다음 표는 교사가 예상할 수 있는 수행의 유형을 종류별로 정리한 것입니다. 수행의 유형을 많이 알고 있으면 수업을 설계할 때 수업의 결과물을 예상하고 그 결과물을 수행과제로 제시할 수 있습니다.

수행의 유형

글쓰기	구두 표현	시각적 표현
– 일기	– 구두 발표(정보 제공)	– 도표
– 편지글	– 가르치기	– 흐름도
– 이야기	– 대화	– 그래프
– 수필	– 토론	– 스케치(sketch)
– 메모	– 연설	– 그림
– 광고글	– 토의	– 지도

글쓰기	구두 표현	시각적 표현
– 팸플릿	– 면담	– 포스터(poster)
– 전기	– 라디오 방송	– 스크랩(scrap)
– 논설문	– 오디오테이프(audio tape)	– 조각품
– 안내문	– 대본 낭독	– 시합
– 서평	– 인형극	– 모형
– 성명서	– 촌극	– 파워포인트 시연
– 잡지기사	– 시 낭독	– 사진
– 뉴스 방송	– 예보	– (영화 등의 줄거리를 보여주는
– 신문기사	– 랩(rap)	일련의) 사진이나 그림
– 연극 대본	– 노래	– 만화
– 영화 각본		– 콜라주(collage)
– 시		– 전시
– 역사적 사실		– 비디오테이프(video tape)
– 일지		– 컴퓨터 그래픽
– 실험보고서		(computer graphic)
– 계획서		– 디자인(design)
– 조사보고서		– 광고
– 검사지		– 배너(banner)
– 십자퍼즐		– 전단
– 트위터, 페이스북		– 책과 CD 표지
– 블로그(blog)		– 웹사이트(web site)

출처: 「수행평가와 채점기준표 개발」, 김선 외

둘째, 프로젝트 수업의 탐구질문과 수행과제를 일치시켜라.

수행평가의 특징을 잘 살펴보면 프로젝트 수업의 특징과 매우 비슷하다는 것을 알 수 있습니다. 프로젝트 수업과 수행평가는 실제상황을 중요하게 여긴다거나 일정한 과제를 수행한다는 점에서 공통점이 있습니다. 따라서 프로젝트 수업을 수행평가의 수행과제와 일치시킬 필요가 있습니다. 프로젝트 수업에서 학생들이 수행해야 할 '과제'가 곧 '수행과제'가 되도록 하는 것이지요. 그렇게 하면 수행과제를 별도로 개발하지 않아도 됩니다. 즉 수업한 결과물이 그대로 평가자료가 되어 교육과정-수업-평가의 일체화를 이룰 수 있습니다. 프로젝트 수업과 수행과제가 같으니 따로 시간을 내서 수업과 평가를 개발해야 하는 교사의 수고를 줄일 수 있다는 장점도 있습니다.

구체적으로 볼까요? 교사는 처음부터 평가를 염두에 두고 수행평가에 활용할 수 있는 것으로 프로젝트 수업을 개발합니다. 성취기준을 분석하여 프로젝트 수업을 설계하는 단계에서 수행평가에 적합한 수행과제를 함께 개발하고 탐구질문에 그 내용을 넣으면 됩니다.

탐구질문: 우리가 로봇개발자가 되어, 동물의 행동특성을 활용한 로봇을 만들기 위해서는 어떻게 해야 할까?

수행유형: 모형, 수행과제: 동물의 행동특성을 활용한 로봇

탐구질문: 우리가 지역 화폐 디자이너로서 경기도의 역사적 인물과 문화유산을 알리기 위한 화폐를 디자인하려면 어떻게 해야 할까?

수행유형: 시각적 표현, 수행과제: 지역 화폐

탐구질문: 우리가 어떻게 하면 경기도 여행지 홍보대사로서 4학년 체험학습 장소를 추천하는 홍보자료를 만들 수 있을까?

수행유형: 광고글, 안내문, 조사보고서, 수행과제: 홍보자료

탐구질문: 우리가 패션 디자이너로서 우리 회사에 온 다양한 기후 환경에 사는 사람들에게 알맞은 옷을 만들어 주려면 어떻게 해야 할까?

수행유형: 디자인, 모형, 수행과제: 옷

학습과정 포트폴리오를 만들다

학생들에게 양식을 만들어주면 학생은 자신의 학습과정을 기록하고, 이 기록이 쌓이면 수업에 관한 모든 과정을 한눈에 확인할 수 있습니다. 또한 교사는 이 자료를 근거로 피드백을 줄 수도 있고, 수행평가 근거 자료로 활용할 수도 있습니다. 이렇게 기록된 자료는 학습 포트폴리오가 되고, 과정중심평가를 위한 중요한 자료가 됩니다.

학습의 과정을 기록하고 쌓이게 하라!

학생의 학습을 수행평가와 연계하고 그 과정을 기록하게 합니다. 학생의 학습을 기록하도록 수업을 구상하면 학습결과가 기록으로 남게 되고, 이것은 수행평가를 위한 근거 자료가 됩니다.

학습의 과정을 양식화하라!

학생의 학습을 기록하게 하는 가장 좋은 방법은 학습의 과정을 '양식(개별 활동지'으로 만들어서 학생에게 제공하는 것입니다.

양식(개별 활동지)을 찾지 말고 스스로 만들어라!

"선생님, 양식 있으면 좀 주세요." 우리는 무슨 일을 시작할 때 흔히 양식을 찾지만, 실제로 본인이 직접 양식을 만드는 것에는 익숙하지 않습니다. 그러나 자신의 수업은 자신이 가장 잘 알고 있습니다. 따라서 자신의 수업에 사용하는 양식은 자신이 직접 만들어 사용할 필요가 있습니다.

자신의 양식을 직접 만들면 수업을 학습 논리에 따라 논리적으로 이해한다고 할 수 있습니다. 양식을 만든다는 것은 수업을 구조적으로 이해하고, 학습내용과 과정을 논리적으로 조직한다는 뜻입니다. 따라서 양식을 개발하다 보면 수업을 논리적으로 이해하고 조직하는 능력이 늘어나 수업 성장에도 도움을 줍니다. 이제부터는 양식을 찾지 말고 양식을 직접 만들어보세요. 수업을 조직화하고, 학생의 학습과정을 논리적으로 이해하는 데 많은 도움을 줄 것입니다.

양식(개별 활동지) 개발하기

양식은 성취기준과 평가기준, 채점기준표에 맞게 그 과정을 기록할 수 있도록 치밀하게 계획되어야 합니다. 학생들의 학습단계와 수행과제 등을 고려하여, 학습과정에서 중요하게 확인할 내용을 중심으로 양식을 개발합니다. 그래야 별도로 수행평가를 하지 않고 양식만 보고 수행평가를 할 수 있습니다.

양식(개별 활동지) 만드는 법

첫째, 학습목표와 수행과제를 확인한다.

둘째, 학습의 구조를 파악한다.

셋째, 학습내용을 정한다.

넷째, 학습내용에 맞게 빈칸을 만들어 학생들이 채울 수 있도록 한다.

실제로 양식(개별 활동지) 만들기

다음 수업으로 직접 학습양식을 개발해보겠습니다. 이 수업은 학생들이 교장 선생님께 학교의 여러 가지 문제상황을 찾아서 제안하는 수업입니다. 그렇다면 학생들이 학교의 여러 문제를 찾아서 교장 선생님께 제안하는 글을 쓰기까지의 과정을 기록할 수 있는 양식을 만들 필요가 있습니다.

프로젝트명: 교장 선생님, 제안할 게 있어요.

탐구질문: 우리가 학교생활 개선 제안자가 되어 학교의 여러 문제를 해결하기 위해 교장 선생님께 제안하는 글을 쓰려면 어떻게 해야 할까?

〈양식 1〉 문제상황 목록

먼저 학생은 학교의 문제상황을 찾아보게 될 것입니다. 교사는 이 과정을 기록할 수 있는 양식을 만들어줍니다.

(D2) 문제상황 목록			
			(4) 학년 (　) 반
프로젝트 팀 이름		팀원	
이름	문제상황(장소나 상황 포함)	제안하는 내용	

〈양식 2〉 현장 답사 보고서

다음으로 학생들은 문제상황이 있는 곳을 직접 답사한 후 현장 답사 보고서를 작성하는 활동을 할 것입니다.

(D3) 현장 답사 보고서		
4학년 ( ) 반	팀 이름	
팀원		
문제상황 확인하기		
제안하는 내용 정하기		
제안하는 까닭 파악하기		
제목 정하기		
누구에게 쓸 것인가?		

〈양식 3〉 발표 계획서

다음으로 교장 선생님께 발표해야 합니다. 그러기 위해서는 발표하기 위한 계획이 필요하겠지요. 그 과정을 역시 양식으로 만들어줍니다.

(F1) 발표 계획서		
4학년 ( )반	팀 이름	
팀원		
발표방법 결정		

발표 역할 분담	이름	역할1	역할2	그 외
〈발표 계획 작성하기〉				

〈양식 4〉 제안하는 글쓰기

마지막으로 교장 선생님께 직접 제안하는 글을 씁니다.

(H2) 제안하는 글쓰기				
4학년 ( )반	이름			
팀 이름				
누구에게 쓸 것인가?		제안하는 글에 들어갈 내용	① 문제상황	
			② 제안하는 내용	
			③ 제안하는 까닭	
			④ 제목	
제목:				

이제는 실전이다!
수행평가 매뉴얼

1단계: 수행과제 개발하기 - 평가, 수업 시작 전에 미리 개발하라

평가는 수업이 끝난 후에 하는 것이라는 생각을 많이 합니다. 그러나 수업이 끝난 후에 평가하는 것은 이미 그 시기를 놓친 것입니다. 평가에도 골든타임이 존재합니다. 따라서 평가는 수업을 설계할 때 함께 설계해야 합니다. 특히 수업이 곧 평가가 되는 교육과정-수업-평가 일체화나 과정중심평가를 위해서는 수업 시작 전에 먼저 평가 계획이 나와야 합니다. 사실 이 경우는 수업을 설계하는 것이 곧 평가를 설계하는 것이라고 할 수 있습니다. 기억하세요. 수업을 설계할 때 평가도 함께, 동시에 설계해야 합니다.

2단계: 수행과제 제시하기

프로젝트 수업과 연계하기

성취기준	[6국05-03] 비유적 표현의 특성과 효과를 살려 생각과 느낌을 다양하게 표현한다.
프로젝트명	나의 K-POP 스타를 찬양하라
탐구질문	우리가 엔터테인먼트 회사 사원으로서 우리 소속사 K-POP 가수를 홍보하기 위해 비유적 표현을 사용하여 독창적이고 개성 있는 찬양시를 쓰고, 콘서트를 하려면 어떻게 해야 할까?

프로젝트 수업의 탐구질문과 수행과제를 일치시킵니다. 수행평가 과제와 프로젝트 수업에서의 프로젝트를 일치시키면 별도의 수행과제를 인위적으로 만들지 않아도 됩니다. 학생들은 자연스럽게 프로젝트를 하면서 수행과제를 하게 됩니다.

탐구질문		수행과제	
우리가 엔터테인먼트 회사 사원으로서 우리 소속사 K-POP 가수를 홍보하기 위해 비유적 표현을 사용하여 독창적이고 개성 있는 찬양시를 쓰고, 콘서트를 하려면 어떻게 해야 할까?	=	개인	비유적 표현이 들어간 시 1편
		집단	비유적 표현이 들어간 찬양시 〈발표회〉: 콘서트하기

수행과제를 제시할 때 주의할 점 – 집단(공동) 과제와 개인 과제로 분리하기

수행과제를 제시할 때 주의할 사항이 있습니다. 바로 수행평가 과제를 집단과 개인으로 나누어서 제시해야 한다는 점입니다. 이 수업의 경우 탐구질문을 살펴보면 모둠별(여기서는 엔터테인먼트 회사)로 가수에 대한 찬양시를 써야 합니다. 하지만 집단으로 수행한 결과물루 개인 수행평가를 하기란 쉽지 않습니다. 무임승차하는 학생을 걸러내기 힘들고, 채점도 어렵습니다. 공통작품이라 작품을 만드는 데 어떤 학생이 어느 정도나 기여했는지 알 수 없기 때문이지요. 따라서 수행과제를 제시할 때 공통으로 하는 것(집단)과 개인별로 하는 것을 분리하여 제시할 필요가 있습니다. 그리고 수행평가는 개인 결과물로만 하겠다고 수업을 시작할 때 미리 얘기해줍니다. 수업을 설계할 때 역시 이 점을 고려하여 반드시 개인별로 수행과제를 수행할 수 있는 시간을 확보합니다. 수행평가에서 채점의 편의성도 무시할 수 없습니다. 가능한 한 채점하기 편하게 수행평가를 설계하세요.

3단계: 학생과 평가 공유하기 - 평가기준과 채점기준표 제시

학생들에게 수업에 들어가기 전에 성취기준, 평가기준, 채점기준표를 제시하여 학생과 평가에 대해 공유합니다. 이렇게 학생들과 수업과 평가를 공유하면 학생들은 무엇을 어떻게 해야 좋은 점수를 받을지 미리 알 수 있습니다.

성취기준		평가기준
[6국05-03] 비유적 표현의 특성과 효과를 살려 생각과 느낌을 다양하게 표현한다.	상	비유적 표현의 특성과 효과를 살려 대상에 대한 생각과 느낌을 개성적이고 독창적으로 표현할 수 있다.
	중	비유적 표현의 특성과 효과를 살려 대상에 대한 생각과 느낌을 다양하게 표현할 수 있다.
	하	비유적 표현을 활용하여 생각과 느낌을 표현할 수 있다.

	채점기준표	
	비유적 표현(직유법, 은유법)	개성, 독창성
매우 잘함	비유할 대상의 공통점을 찾아 4개 이상의 비유적 표현(은유법, 직유법)을 사용하여 표현했다.	비유할 대상의 적절한 공통점을 찾아 자신의 생각과 느낌을 개성 있고 독창적으로 표현했다.
잘함	비유할 대상의 공통점을 찾아 2개 이상의 비유적 표현(은유법, 직유법) 사용하여 표현했다.	비유할 대상의 공통점을 찾아 자신의 생각과 느낌을 개성 있고 독창적으로 표현했다.
향상 필요	비유할 대상의 공통점은 찾았으나 비유적 표현(은유법, 직유법)을 거의 사용하지 않았다.	비유할 대상과 공통점이 거의 없으며, 자신의 생각과 느낌을 개성 있고 독창적으로 표현한 것이 거의 없다.

4단계: 공통 수행과제 실시하기 - 채점기준표 제시

먼저 공통과제로 집단이 수행할 과제, 즉 '비유적 표현'을 사용하여 자기 소속사 가수를 찬양하는 시를 쓰게 했습니다. 이는 개인별 과제를 위한 연습의 성격이 강합니다. 평가하기 전에 먼저 채점기준표를 제시하여, 학생들이 무엇을 어떻게 해야 하는지 알 수 있도록 합니다. 학생들은 채점기준을 알고, 이 기준에 맞게 찬양시를 씁니다.

방탄소년단
방탄은 별이다.
무대를 할 때 빛난다.
방탄은 우주다
아미를 생각하는 마음이 넓다.
방탄은 생크림이다.
목소리가 부드럽고 달콤하다.
방탄은 피라미드다.

노력으로 꼭대기에 올라갔다.
방탄은 폭죽이다.
퍼포먼스를 할 때 멋지다.
방탄소년단은
과거에도 없고,
미래에도 없는,
위대한 역사이다.

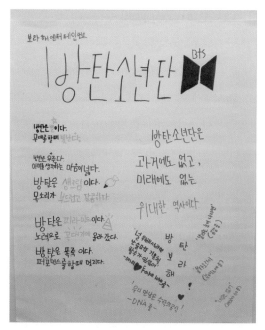

방탄소년단을 찬양한 시입니다. '방탄소년단은 과거에도 없고 미래에도 없는, 위대한 역사'라는 표현이 눈에 띄지요?

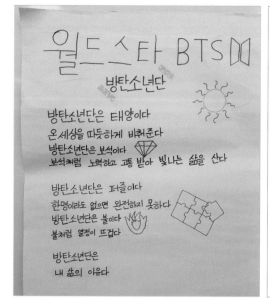

월드 스타 방탄소년단
방탄소년단은 태양이다.
온 세상을 따듯하게 비춰준다.
방탄소년단은 보석이다.
보석처럼 노력하고 고통받아 빛나는 삶을 산다.
방탄소년단은 퍼즐이다.
한 명이라도 없으면 완전하지 못하다.
방탄소년단은 불이다.
불처럼 열정이 뜨겁다.
방탄소년단은
내 삶의 이유다.

역시 방탄소년단을 찬양한 시로 마지막 연의 '방탄소년단은 내 삶의 이유다'가 눈에 들어옵니다.

5단계: 평가 경험 쌓기 - 자기평가 또는 동료평가 연습

요즘 동료평가나 자기평가에 대해 많이 이야기합니다. 자기평가와 동료평가도 경험하고 연습해야 알 수 있습니다. 학생들에게 채점을 경험시키기 위해 공동 작품을 전시하고 채점기준표에 따라 채점해보라고 했습니다. 학생들은 전시된 작품을 채점기준표와 비교하면서 채점해봅니다. 이렇게 학생도 평가를 경험하게 해야 합니다. 학생들이 동료평가를 할 때는 비교적 채점하기 쉬운 것부터 시작하여 평가에 대한 경험을 쌓게 하는 것이 필요합니다. 처음부터 복잡하고 어려운 것을 제시하면 채점할 수 없을 테니까요.

6단계: 피드백

내용에 대한 피드백

학생들의 공동 작품을 보면 알겠지만, 학생들은 비유적 표현을 사용하는 데는 큰 어려움을 겪지 않았습니다. 모두 '매잘(매우 잘함의 줄인말, 요즘 학생들은 절대로 2글자

이상을 말하지 않는다!)'을 받을 만하지요. 그런데 시의 내용을 살펴보면 강렬하다는 것을 알 수 있습니다. 물론 '찬양시'를 쓰라고 했으니 그렇다고 볼 수도 있지만 비유적 표현이 모두 이렇게 강렬한 것만은 아니니까요. 특히 은유법은 직접적으로 드러내 표현하기보다는 간접적으로 감추듯 부드럽게 강조하는 효과가 있습니다. 학생들에게 이 점을 알려주기 위해 〈아버지 월급 콩알만 하네〉라는 동요를 들려주었습니다.

아버지 월급 콩알만 하네

정재옥 시/백창우 개사 · 작곡

에– 에– 아버지 월급 콩알만 하네
에– 에– 아버지 월급 쓸 것도 없네
히히 히히히
맨날 늦게까지 일하는데
어떤 땐 얼굴 보기도 힘드는데
에– 에– 아버지 월급 콩알만 하네
에– 에– 아버지 월급 쓸 것도 없네

– 『나무 꼭대기 까치네 집』, 임길택 저, 백창우 작곡

이 동요를 듣고 나서 학생들에게 이런 피드백을 주었습니다.

"여러분은 '태양', '별' 등을 사용하여 아주 거창하게 표현했지만, 이 시에서는 아버지 월급을 '콩알'에 비유하여 아빠를 사랑하는 마음을 느낄 수 있도록 표현했습니다. 여러분들도 스스로를 잘 돌아보고 가장 알맞은 대상을 선택하여 자신에 대한 시를 쓰세요."

7단계: 개인 수행과제 실시하기

피드백에 이어 학생들에 개인별 수행과제를 제시했습니다.

"지금부터는 비유적 표현을 사용하여 자기 자신을 돌아보는 시를 쓸 것입니다. 채점기준표를 다시 한번 읽어보고, 특히 내용 면에서 '개성 있고, 독창적인' 시를 쓰도록 노력해주세요. 그리고 지금 쓰는 시는 수행평가에 반영합니다. 모두 '매잘'을 받을 수 있도록 최선을 다해주세요."

다음은 도래울초등학교 학생들이 쓴 작품입니다. 우리 학생들이 스스로를 어떻게 생각하고 있는지 같이 감상해볼까요? 모두 '매잘'을 받을 만한지 같이 보시죠.

나는 ○○이다

이시윤(도래울초)

나는 들꽃이다.
이쁘지도, 화려하지도 않지만
그 안에서 꿋꿋하게
꽃을 피운다.

나는 교과서이다.
만화책처럼 재미있지는 않지만
사람들에게
도움을 주고 싶어 한다.

나는 나무이다.
단단해 보이지만
물에도 쉽게 썩고
톱으로 쉽게 썰린다.

나는 색종이다.
나만의 개성 있는
색깔을 가지고 있다.
나는 나이다.

친구는 얄밉다

안병선(도래울초)

쉬는 시간의 친구는 쥐다.
그새에 도망가 버렸다.

학교 끝나고 나와 친구는 톰과 제리다.
친구는 제리처럼 놀리고 튀고,
나는 그 친구를 잡으려고 난리다.
그러나 가만히 있으면 온다.

친구는 톰을 놀리고 약 올리는 제리고.
나는 친구를 잡으려고 노력하는 톰이다.

나는야 주기율표

이재우(도래울초)

나는 헬륨이다.
나는 항상 들떠있기 때문이다.

나는 물이다.
내 마음은 잘 흔들리고 약하지만,
멋진 파도를 만들 수 있기 때문이다.

나는 산소다.
나는 별로 필요 없어 보이지만 꼭 필요하기 때문이다.

나는 불이다.
어떨 때는 열정이 넘치다가도,
차분해질 때면 내 마음의 불씨를 잠들게 할 수 있기 때문이다.

나는 주기율표다.

나는 나무다

박제인(도래울초)

나는 나무다.
요란하지도 움직이지도 않지만,
나의 자리를 항상 꿋꿋하게 지키고 있다.

나는 벼룩이다.
비록 무시당하는 벌레지만,
온 힘을 다해 하늘로 뛰어오른다.

나는 피아노다.
혼자서는 소리를 낼 수 없지만,
누군가가 눌러주면 아름다운 소리를 낼 수 있다.

나는 악보다.
나 혼자는 쓸모없지만,
누군가는 날 사용해 줄 때 가장 빛난다.

나는 고여 있는 물이다.
흐르지는 않지만,
항상 주변 사람들에게 최선을 다해 도움을 준다.

나는 나다.
누가 뭐래도 항상 나는 나라는 이름으로,
나의 자라에서 나 자신으로 살 것이다.

나는 물이다

박서희(도래울초)

나는 물이다.
쉽게 썰리지만 다시 뭉치듯이
쉽게 포기를 하지 않는다.

나는 마이크다.
마이크처럼 내 안에 있는 소리를
크게 낼 수 있다.

나는 큰 통이다.
큰 통에다 여러 가지를
넣을 수 있다.

나는 별이다.
아침엔 빛나진 않지만
밤에는 활짝 빛나는 별

나는 하나밖에 없는
소중한 나이다.

8단계: 평가하고 학생에게 통보하기 - 평가 과정과 결과 공유

　기준참조평가에서는 평가의 전 과정을 학생과 공유합니다. 따라서 평가결과를 통보할 때도 학생들은 자연스럽게 받아들입니다. 또 상대적으로 다른 학생과 자신을 비교하기보다는 기준 충족 여부에 더 관심을 갖게 됩니다. 저는 학생들과 평가를 공유하면서 공유의 힘을 느낄 수 있었습니다. 절대평가로 평가하면 남과의 비교가 아니라 자신이 정한 목표를 달성하기 위해 노력한다는 점도 알게 되었습니다. 상대평가와 경쟁 속에서 긴장감으로 가득 찼던 평가가 아니라 학생 스스로 성취감을 느낄 수 있는 평가로 바뀔 수 있다는 점은 놀랍기만 합니다. 역시 공유는 힘이 센 모양입니다.

8

평가에 통달하는 7가지 비법

첫째, 평가의 종류와 쓰임에 통달하라.

평가의 종류는 정말 다양합니다. 다 같이 '평가'라는 이름을 가지고 있지만 앞에 어떤 단어가 붙느냐에 따라 그 성격이 달라지죠. 그런데도 모두 '평가'라는 이름으로 통일되어 있어서 많은 선생님을 헷갈리게 합니다. 이것도 평가, 저것도 평가라서 그게 그거처럼 느껴지니까요. 따라서 이 많은 평가의 종류와 그 쓰임새를 명확히 알 필요가 있습니다.

둘째, 평가의 목적을 명확히 하고, 목적에 맞는 평가방법을 선택하라.

교사는 평가를 실시하기 전에 평가의 목적을 분명히 해야 합니다. 평가는 그 목적에 따라 평가방법이 결정됩니다. 평가 목적이 분명하면, 목적에 부합하는 평가방법을 선택할 수 있습니다. 예를 들면, 학생들의 지식에 대한 이해를 확인하기 위해서는 형성평가를 선택할 수 있고, 성적순으로 석차를 매겨야 한다면 총괄평가를 선택할 수 있지요. 이처럼 평가의 목적을 먼저 정하고 거기에 부합하는 평가방법을 선택하기 바랍니다.

셋째, 수업설계 단계부터 평가를 고려하라.

지금까지 우리는 총괄평가에 익숙해져 있었기 때문에 수업 후에 평가하면 된다는 생각이 강합니다. 그러나 기준참조교육에서 알아본 것처럼 점차 수업과 평가가 하나가 되어 가고 있습니다. 수업이 곧 평가고, 평가가 곧 수업이 되는 것이죠. 이 과정에서는 수업이 끝난 후 평가를 하려고 하면 이미 늦습니다. 따라서 수업을 설계할 때부터 평가를 함께 고민할 필요가 있습니다. 수업설계 단계부터 어떤 수업 장면에서는 어떤 평가를 할지 구체화해야 합니다.

넷째, 긴 호흡으로 실시하라.

평가를 짧은 시간에 실시하는 1회성 행사로 생각하지 마세요. 이미 평가는 수업의 모든 것이 되어 있습니다. 수업 전반에 걸쳐 긴 호흡으로 평가를 실시해야 과정중심평가도 할 수 있고, 피드백도 줄 수 있습니다.

다섯째, 평가는 개발이다. 개발할 것은 개발하라!

평가는 교사가 직접 개발할 것이 많습니다. 누가 대신 개발해주지 않습니다. 따라서 교사는 내 수업에 필요한 평가는 내가 직접 개발한다는 생각이 필요합니다.

여섯째, 부지런해지고, 부끄러움을 버려라.

평가는 개발할 것이 많습니다. 또 요즘은 평가도 자주 합니다. 이 많은 것은 개발하고 실행하려면 부지런해야 합니다. 교사가 개발한 평가자료는 완벽할 수 없습니다. 자신이 개발한 평가자료를 보면 '이것이 맞나?' 고민하게 되고, 초라해 보이기도 합니다. 하지만 누구나 처음부터 완벽할 수는 없습니다. 평가에 대한 부끄러움을 버리고, 경험한다는 마음으로 도전할 필요가 있습니다.

일곱째, 평가의 과정과 결과를 학생과 공유하라.

지금까지 평가는 철저하게 비밀주의로 흐른 것이 사실입니다. 그러나 평가가 달라지고 있습니다. 기준참조교육이 대세인 흐름에서 학생들도 평가에 참여할 수 있는 기회를 주어야 합니다. 학생에게 평가의 목적과 준거를 알려주고 공유하면 학생들은 그것을 달성하기 위해 노력할 것입니다.

5부

교사, 교육과정을 매핑하다

수업 지도안?
이제는 교육과정 매핑이 답이다

　　지금까지 수업을 설계할 때 사용한 양식은 '지도안'이었습니다. 공개수업이라도 있을라치면 가장 먼저 떠오르는 것이 바로 수업 지도안이었지요. 그런데 '교육과정 재구성'이 등장하면서 문제가 생겼습니다. 지도안은 기본적으로 교과서 중심의 '차시 수업'에 맞게 개발되었는데, 이런 차시 중심의 지도안 형식은 교육과정 재구성에 맞지 않을뿐더러 내용 또한 모두 담을 수 없으니까요. 많은 선생님이 교육과정을 재구성한다고 하면 어떻게 해야 할지 모르고 난감해하는 이유가 여기에 있습니다. 그렇다고 교육과정 매핑과 지도안을 같은 것으로 보는 것은 아닙니다. 둘은 그 성격이 다르니까요. 교육과정 매핑을 하더라도, 지도안이 필요하면 지도안을 써야 합니다. 그러나 교육의 흐름은 이제 교육과정 재구성으로 넘어가고 있고, 자연스럽게 교육과정 시대에는 교육과정을 제대로 담을 수 있는 설계도가 필요합니다.

교육과정 매핑이란 무엇인가?

교육과정 매핑(mapping)은 그 이름에서 알 수 있듯이 교육과정의 일정을 담은 일종의 지도(map)입니다. 『교육과정 매핑의 이론과 실제』에서는 교육과정 매핑을 다음과 같이 소개하고 있습니다.

"교육과정을 실천하는 여러 복잡한 활동들과 일련의 과정들을 체계적으로 요약하여 지도화하는 것을 의미한다. 교육과정이 학생들에게 무엇을 가르칠 것인가라는 전통적인 의미에 초점을 두고 말한다면, 교육과정 매핑은 학생들에게 어떠한 내용을 가르칠 것인지를 일정한 기준에 비추어 상세하게 제시하는 것이라고 볼 수 있다. 이런 의미에서 본다면 교육과정 매핑은 교육과정을 실행하기 전에 가르쳐야 할 내용을 사전에 결정하는 것이라고도 볼 수 있다."

– 『교육과정 매핑의 이론과 실제』, JANET A. HALE 지음, 강현석 외 옮김

이상을 정리해보면 교육과정 매핑은 교사가 계획한 교육과정을 계획, 실행, 관리하는 일이라고 할 수 있습니다. 교육과정 매핑을 보면 교육과정-수업-평가의 모든 것을 체계적으로 정리하여 일정별로 제시하고 있습니다. 교육과정 재구성은 교과서 수업처럼 일정하게 정해진 것이 없으므로 교사 입장에서는 교육과정의 설계부터 수업과 평가에 이르기까지 체계적으로 계획하고 관리할 필요성이 대두됩니다.

교육과정 매핑도 학생과 공유하라

교과서 수업을 하면 굳이 교육과정 매핑을 하지 않아도 됩니다. 교과서 자체가 차시별로 제시되어 있으니 교사나 학생은 교과서를 보면 바로 그 흐름을 알 수 있

기 때문입니다. 그러나 교육과정 재구성이라면 다릅니다. 교육과정 매핑을 하지 않으면 교사 입장에서는 계획되지 않은 길을, 학생 입장에서는 무엇을 어떻게 배울지 그 내용을 알 수 없는 깜깜이 길을 가게 될 것입니다. 그러므로 교육과정 매핑은 교사의 수업설계로만 그치는 것이 아니라 학생들과도 공유해야 합니다. 수업 시작 전에 학생에게 나누어 주어서 교사의 교육과정-수업-평가를 학생도 알고 그 길을 같이 갈 수 있도록 합니다. 또 칠판 한쪽에 붙여 놓아 학생들이 항상 확인할 수 있도록 합니다.

교육과정 매핑
구성요소를 공개하다

그동안 우리는 교육과정 매핑에 대해 그다지 잘 알지 못했습니다. 교사인 저도 학교에서 공문 쓰는 법은 배웠지만, 교육과정 매핑 방법을 배우지는 못했습니다. 교사가 교육과정의 주체라고 말하면서도, 교육과정을 구체적으로 실행하는 교육과정 매핑에 대해 소홀했던 것은 사실입니다. 그러나 이제 시대가 바뀌고 있습니다. 교육과정 매핑은 교육과정 시대를 맞이하는 교사들에게는 반드시 해야 할 필수요소입니다. 저는 교육과정 매핑을 크게 세 부분으로 나누어보았습니다.

전반부: 교육과정-수업-평가의 일반적인 정보를 기록
본문: 교육과정-수업-평가의 세부 내용을 순차적으로 기록, 교육과정 매핑의 핵심
후반부: 학습양식(개별 활동지)과 학습자료 등으로 구성, 부록의 성격이 강함

편의상 교육과정 매핑을 세 부분으로 나누었지만, 엄밀히 말해서 교육과정 매핑은 역시 교육과정-수업-평가의 세부 내용을 기록하는 본문 부분이라고 할 수 있

습니다. 다음 표는 『교육과정 매핑의 이론과 실제』(JANET A. HALE 지음, 강현석 외 옮김)
에서 소개하는 양식을 참조하여 제 나름대로 우리 현실에 맞게 만든 교육과정 매
핑의 양식입니다.

교육과정 매핑 기본 양식과 구성 요소

교육과정 매핑 기본 양식은 8가지 항목으로 구성되었습니다.

① 교과	② 차시	③ 내용 (지식, 학습요소)	④ 기능	⑤ 평가	⑥ 준비물/자료	⑦ 장소	⑧ 비고

① 교과: 해당 교과를 기록
② 차시: 해당 차시를 기록
③ 내용: 학생들이 알아야 할 '지식'이나 '핵심개념'을 기록. 명사(형)로 간단하게 기록
④ 기능: 학생들이 ③의 '내용(지식)'을 알기 위한 활동이나, '지식'과 연관된 활동을 학생 입장에서 구체적
  인 '술어(동사)'를 사용하여 기록
⑤ 평가: ④ '기능'과 연관된 활동이나 결과물에 대한 평가방법, 문항 수 등을 구체적으로 기록
⑥ 준비물/자료: ④ '기능'과 관련된 수업 준비물이나 자료를 기록하는 것으로, 교과서, 동영상 파일, 웹사이트,
  PPT 등 수업에 사용하는 모든 자료를 기록
⑦ 장소: 특정한 수업 장소가 있을 시 기록
⑧ 비고: 그 외에 기록할 사항이 있으면 기록

교육과정 매핑
작성 방법을 공개하다

교육과정 매핑은 일종의 수업지도입니다. 지도가 모든 지리 정보를 한정된 지면에 나타내듯이, 교육과정 매핑 또한 교육과정-수업-평가를 한정된 지면에 나타내야 합니다. 따라서 교육과정 매핑은 일반적으로 '지도(map)'가 지닌 특성을 그대로 가지고 있습니다.

교육과정 매핑 작성 원칙

첫째, 교육과정-수업-평가를 모두 기록하라.

둘째, 간결하게 작성하라.

셋째, 구체적으로 작성하라.

예를 들어 ⑤ '평가'를 작성할 때 그냥 '평가'로 기록하는 것이 아니라 '(형성)_ 선다형 10' 등으로 작성합니다. 이것은 형성평가로 선다형 10문제를 출제한다는 의미입니다.

넷째, 주어는 학생이다. 학생의 입장에서 작성하라.

교육과정 매핑의 주어는 '학생'입니다. 따라서 학생 입장에서 기술합니다. 특히 ④ '기능'을 기술할 때 서술어는 학생 중심으로 표현합니다. 모든 진술을 학생 입장에서 사용하기 때문에 주어 '학생은'은 생략합니다.

다섯째, 성취기준의 특성과 연계하라.

교육과정 매핑 양식을 살펴보면 성취기준의 내용에 맞게 형식화되었다는 점을 발견할 수 있습니다. 앞에서 알아본 것처럼 성취기준은 '지식'과 '기능'으로 구성되어 있습니다. 따라서 교육과정 매핑도 '지식'과 '기능'으로 나누어 기록합니다.

여섯째, 각 요소에 코드를 부여하고, 각 항목을 연계하고 계열화하라.

교육과정의 매핑에 코드번호를 부여하고, '내용 → 기능 → 평가 → 준비물/자료'가 서로 연계될 수 있도록 작성합니다. 코드번호는 알파벳 대문자 혹은 '알파벳 대문자+숫자'로 순서대로 부여합니다.

교육과정 매핑 작성의 실제

다음 표는 교육과정 매핑을 실제로 작성한 예입니다.

연계화

교과	차시	내용(지식, 학습요소)	기능	평가	준비물/자료	장소	비고
국어	3-4	지식 & 기능 쌓기 제안하는 글쓰기 ⓒ제안하는 글 쓰는 방법 1 – 문제상황 확인 – 제안하는 내용 – 제안하는 까닭 – 제목	C1 제안하는 글 쓰는 법에 대한 지적 위치 확인한다.(T) C2 참치캔으로 제안하는 글 쓰는 방법 확인한다.(S) – 참치캔의 '문제상황'을 활동지에 쓴다. C3 사조 참치캔 안심따개를 관찰하고, '제안하는 내용'과 '제안하는 까닭'을 활동지에 쓴다.(S) C4 제안한 글쓰기 연습한다.(A) C5 참치캔 사고 뉴스로 제안하는 글 쓰기 확인한다.(T) C6 사조참치 안심따개 광고를 보고 다시 제안하는 글 쓰는 방법 확인한다.(A) C7 제안하는 글 쓰는 법에 대한 지적 위치 확인한다. C8 교과서 228쪽 제안하는 글 쓰는 방법을 확인한다.(A)	C1(형성) KWL 차트_ 제안하는 글 쓰는 방법 C2-C3(형성) 제안하는 글 쓰는 방법 빈칸 채우기	C2-C3 동원 참치, 사조참치 제안하는 글쓰기 양식 C5 뉴스 파일 C6 광고 파일 C8 교과서	교실	

기호화

계열화

평가의 종류

교육과정 매핑 작성법 해설

위의 표기 방법에 대한 구체적인 해설은 다음과 같습니다. 교육과정 매핑은 교육과정-수업-평가를 구체적으로 관리할 수 있다는 장점 이외에도 교육과정에 대한 통찰력을 기르고, 자신만의 교육과정을 구축할 수 있다는 장점이 있습니다. 이렇게 기록된 교육과정 매핑은 교사의 수업 콘텐츠를 축적하는 일이기도 합니다.

항목	구체적인 예	표기 방법 및 해설
내용 (지식, 학습요소)	**제안하는 글쓰기**	– 형식: 진하게 표시(글자체를 진하게 표시하여 구분했음) – 알아야 할 '지식'을 기록
내용 (지식, 학습요소)	C 제안하는 글 쓰는 방법 1 – 문제상황 확인 – 제안하는 내용 – 제안하는 까닭 – 제목	– 형식: 알파벳 대문자로 표시 – 코드번호 부여: 계열화, 연계화를 위함 – '지식' 'C'와 연관된 '기능'을 C1으로 표기하고, C1과 연관된 평가가 있으면 평가의 C1(형성) 등으로 기록하여 계열화와 각 요소를 연계시킴
기능	C1–C8	– 형식: 알파벳 대문자 + 숫자 – 지식(C)을 알기 위해 해야 할 활동이나 이와 연관해서 해야 할 것으로, '제안하는 글 쓰는 방법'을 알기 위해 해야 할 활동을 C1–C8로 표시 – 주어는 학생이지만 생략함 – 학생 입장에서 구체적인 '술어(동사)'를 사용하여 기록 – 성취기준의 기능(동사)을 참조하여 구체적으로 기록
기능	C1 제안하는 글 쓰는 법 에 대한 지적 위치 확인한 다.(T)	– (T): 학습형태 표시 – 기능 마지막에 학습형태를 기록한다. – 학습형태는 (T): 전체, (A): 개별, (P): 파트너(짝), (S): 모둠활동으로 기록 – 필수요소는 아님

평가	C1(형성) KWL 차트_제안하
	는 글 쓰는 법
		– 형식: 알파벳 대문자+숫자+(구체적인 평가방법)_ 구체적인 평가 내용이나
		  문항 수
		– C1에 대해 형성평가를 KWL 차트를 사용한다는 뜻으로 평가의 종류와
		  내용, 문항 수를 구체적으로 기록.
		– 만약 수행평가를 실시한다면 C1(수행) 등으로 표시
		– 만약 형성평가로 OX 퀴즈를 한다고 하면 'C1(형성)_OX 퀴즈'와 같이 작성

준비물 / 자료	C2–C3 동원참치, 사조참 치, 제안하는 글쓰기 양식	– 형식: 알파벳 대문자+숫자 – '기능' C2–C3와 관련된 자료나 준비물

* (T): 학습형태를 표현하는 것으로 'TAPS'로 표시됩니다. 자세한 내용은 6부 6장 '수업 운영 최고의 전략 TAPS'
를 참고하세요.

이제는 실전이다!
교육과정 매핑 매뉴얼

　이 장에서는 실제로 교육과정 매핑을 작성해보도록 하겠습니다. 다음에 소개하는 내용은 초등학교 4학년 국어 교과의 교육과정 매핑으로 8부에서 소개할 수업을 미리 매핑했습니다. 수업에 대한 자세한 내용은 8부를 참고하세요.

　교육과정 매핑은 기본적으로 하나의 파일에 전반부, 본문, 후반부를 기록합니다. 이렇게 교육과정 매핑이 하나의 파일로 구성되어 있으면, 교육과정 매핑 파일 하나만 봐도 수업의 내용과 준비물, 개별 활동지까지 수업의 모든 것을 한 번에 알 수 있기 때문에 수업을 관리하고 실행하는 데 매우 편리합니다.

〈전반부〉 교육과정-수업-평가의 일반적인 정보를 기록

국어 프로젝트 수업 교육과정 매핑(Mapping, 교육과정 지도)

1. 프로젝트 수업의 개요

프로젝트명	교장 선생님, 제안할 게 있어요!			
프로젝트 유형	단일교과 PBL			
학년	4학년			
주 과목	국어			
다른 과목과의 연계(옵션)	없음			
관련 교과 및 단원	국어	8. 이런 제안 어때요		
수업 운영 차시	10차시	기간	년 월 일 –	년 월 일

2. 탐구 질문

우리가 학교생활 개선 제안자가 되어 학교의 여러 문제를 해결하기 위해 교장 선생님께 제안하는 글을 쓰려면 어떻게 해야 할까?

3. 프로젝트 아이디어: 주요 이슈, 도전 사항, 탐구, 시나리오, 문제에 대한 요약

학교생활 개선 제안자로서 학교생활에 불편하거나 안전하지 않은 곳을 찾아보고, 문제상황을 발견하여 개선할 점을 교장 선생님께 제안하여 학교생활을 즐겁고 안전하게 할 수 있도록 학교의 문제를 개선하는 데 도움을 준다.

4. 일반 청중: 교장 선생님, 담임교사

5. 모둠 구성: (이질적인 집단)

역할별 팀구성 (B1)

팀장별	역할
발표 팀장	발표
자료수집 팀장	사진이나 동영상 촬영자
문제발견 팀장	문제상황 발견
총괄도움 팀장	조정자 및 업무 전반 조정

6. 프로젝트 수업 결과물

개인	제안하는 글
집단	〈학교생활 제안 설명회〉 1. 프레젠테이션 자료 2. 학교 문제 제안 설명회

7. 개념 게시판

다음 내용은 이 프로젝트를 진행하기 위해 반드시 알아야 할 지식입니다. 형성평가를 통해 평가할 예정입니다.

〈제안하는 글쓰기〉

1. 제안하는 글은 문제상황, 제안하는 내용, 제안하는 까닭, 제목이 있어야 해요.

2. 누구에게 제안하는지가 잘 나타나야 해요.

3. 문제상황을 정해야 해요.

4. 문제상황을 해결하기 위한 적절한 제안을 제시해야 해요.

5. 제시한 제안이 실천할 수 있어야 해요.

6. 제안한 내용에 대한 타당한 까닭이 들어있어야 해요.

---

8. 성취기준 분석

과목	성취기준	지식	기능	활동, 수행, 과제
국어	▶ 쓰기: [4국03-03] 관심 있는 주제에 대해 자신의 의견이 드러나게 글을 쓴다.	자신의 의견이 드러나는 글 쓰는 법 (제안하는 글 쓰는 법)	제안하는 글쓰기	학교 문제를 개선하기 위해 교장 선생님께 제안하는 글쓰기

9. 평가

가. 평가기준

성취기준	평가기준	
[4국03-03] 관심 있는 주제에 대해 자신의 의견이 드러나게 글을 쓴다.	상	관심 있는 대상이나 사실에 대해 주장을 명확하게 제시하고, 타당한 근거가 다양하게 드러나도록 글을 쓸 수 있다.
	중	관심 있는 대상이나 사실에 대해 주장을 제시하고, 타당한 근거가 드러나도록 글을 쓸 수 있다.
	하	관심 있는 대상이나 사실에 대해 주장을 제시하고, 부분적으로 타당한 근거가 드러나도록 글을 쓸 수 있다.

나. 채점기준표

	제안하는 글쓰기
매우 잘함	관심 있는 대상이나 사실을 적절하게 선정했으며, 문제상황을 명확하게 파악하고, 제안하는 내용이 구체적이며, 제안하는 까닭이 다양하게 잘 드러나 있다.
잘함	관심 있는 대상이나 사실을 선정했으며, 문제상황을 파악하고, 제안하는 내용이 구체적이며, 제안하는 까닭이 드러나 있다.
향상 필요	관심 있는 대상이나 사실을 선정하고, 문제상황을 파악했으나 제안하는 내용이 구체적이지 않고, 제안하는 까닭이 잘 드러나지 않았다.

'함께하는 교육, 100년의 약속'을 위한 행복 교육 프로젝트

10. 교육과정 매핑

교과	차시	내용(지식, 학습요소)	기능
국어	1-2	**도입활동 & 탐구질문** A 프로젝트 수업 오리엔테이션 〈공유&고민〉 – 프로젝트명 주제 – 탐구질문 – 일반 청중 소개 – 학습요소 – 최종 결과물 – 성취기준 & 평가기준 & 채점기준 – 기존 작품 확인	A1 프로젝트명, 탐구질문을 확인한다.(T) A2 교장 선생님의 프로젝트 미션을 듣고 프로젝트를 확인한다.(T) A3 알아야 할 지식 확인한다.(A) A4 수행해야 할 개인과 집단 결과물을 확인한다.(A) A5 성취기준 & 평가기준 & 채점기준표 확인한다.(A) A6 제안하는 글을 써서 변화한 장소 답사하기(T)
		도입활동 & 탐구질문 B 팀 구성 – 이질적인 모둠 4인 1조 – 역할 – 집단 결과물 결정 – 팀별 활동 계획 – 프로젝트 계약서	B1 이질적인 모둠 구성에 참여한다.(T) – 잘하는 것 생각해보기(A) B2 팀 이름 결정하기(S) B3 집단 결과물 결정하기(S) B4 팀별 활동 계획하기(S) B5 프로젝트 계약서 작성하기(S) B6 선서하기(T)
	3-4	**지식 & 기능 쌓기** 제안하는 글쓰기 C 제안하는 글 쓰는 방법 1 – 문제상황 확인 – 제안하는 내용 – 제안하는 까닭 – 제목	C1 제안하는 글 쓰는 법에 대한 지적 위치를 확인한다.(T) C2 참치캔으로 제안하는 글 쓰는 방법을 확인한다.(S) – 참치캔의 '문제상황'을 활동지에 쓴다.(A) C3 사조 참치캔 안심따개를 관찰하고, '제안하는 내용'과 '제안하는 까닭'을 활동지에 쓴다.(S) C4 제안하는 글쓰기를 연습한다.(A) C5 참치캔 사고 뉴스로 제안하는 글쓰기를 확인한다.(T) C6 사조참치 안심따개 광고를 보고 다시 제안하는 글 쓰는 방법을 확인한다.(A) C7 제안하는 글 쓰는 법에 대한 지적 위치를 확인한다.(A) C8 교과서 228쪽 제안하는 글 쓰는 방법을 확인한다.(A)

평가	준비물/ 자료	장소	비고
A2(형성) KWL 차트_제안하는 글 쓰는 법	A1 교육과정 매핑 학생과 공유 A2 부재 시 대신할 동영상 파일	A6 복도 학생 쉼터	A2 일반 청중: 교장 선생님
	B4–B6 계획서 및 계약서 양식	교실	
C1(형성) KWL 차트_제안하는 글 쓰는 법 C2–C3(형성) 제안하는 글 쓰는 방법 빈칸 채우기	C2–C3 동원참치, 사조참치, 제안 하는 글쓰기 양식 C5 뉴스 파일 C6 광고 파일 C8 교과서	교실	

교과	차시	내용(지식, 학습요소)	기능
	3–4	D 제안하는 글쓰기 1	D1 학교 문제상황 파악을 위한 현장 답사 계획하기(S) D2 현장 답사하기(S) – 문제상황 수집하기 – 제안하는 내용 생각하기 – 제안하는 까닭 찾기 D3 현장 답사 보고서 쓰기(A)
	5–6	**지식 & 기능 쌓기** E 제안하는 글 쓰는 방법 2	E1 비버먹는 컵라면의 '문제상황'을 찾고 활동지에 쓴다.(S) E2 콕콕콕 컵라면을 관찰하고, '제안하는 내용'과 '제안하는 까닭'을 활동지에 쓴다.(S) E3 제안하는 글 쓰는 법에 대한 지적 위치를 확인한다.(A)
		결과물 개발하고 수정하기 F 모둠별 발표자료 개발하기 – 학교현장 답사	F1 D2–D3을 바탕으로 제안하는 자료 만들기 계획하기(S) – 학교현장 답사와 자료 만들기 병행 F2 제안할 자료 결정하고 제작 시작하기(S)
	7–8	**지식 & 기능 쌓기** G 제안하는 글 쓰는 방법 3	G1 한 줄 서기는 왜 생겨났는지 생각해보고 문제상황 쓰기(S) G2 한 줄 서기에서 '제안하는 내용'과 '제안하는 까닭'을 활동지에 쓴다.(A) G3 동영상으로 확인하기(T) G4 제안하는 글 쓰는 법에 대한 지적 위치를 확인한다.(A)
		H 개인별 제안하는 글쓰기 – 수행평가 실시	H1 채점기준표 확인하기(A) H2 개인별 제안하는 글쓰기(A)
		결과물 개발하고 수정하기 I 제안 발표 자료 만들기	I1 제안 발표자료 만들기(최종결과물)(S) – 완성
	9–10	**결과물 발표하기** J 리허설	J1 리허설하기(S)
		K 발표하기	K1 교장 선생님께 결과물 발표하기(T) K2 교장 선생님께 피드백 듣기(T)
		L 수업 성찰	L1 수업 성찰하기(T), (A)

* 학습형태: T 전체, A 개별, P 파트너(짝), S 모둠활동

평가	준비물/ 자료	장소	비고
D3 (형성) 보고서 쓰기	D3 보고서 양식	교실 및 학교 전체	
	E1 콕콕콕 컵라면, E1–E2 C2 활동지 사용	교실	E3 (완전학습) 중재반응모형 적용
	F1 계획서 F2 이젤패드, 매직 세트	교실 및 학교 전체	
G1–G3(형성) 제안하는 글쓰는 방법 확인	G1–G3 C2 활동지 사용 G4 한 줄 서기 뉴스 동영상 파일	교실	G1–G4 완전학 습 마무리
H2(수행) 제안하는 글쓰기	H2 수행평가 양식	교실	
	I1 이젤패드, 매직세트	교실	
		교실	
		교실	일반 청중: 교장 선생님
	L1 수업 성찰 양식	교실	

〈후반부〉 학습양식과 학습자료 등으로 구성하여 부록의 성격이 강함

수업에 사용하는 각종 학습양식(개별 활동지)이나 학습지 등은 교육과정 매핑 마지막 부분에 부록처럼 제시합니다. 모든 학습양식에는 코드번호를 부여하여 교육과정 매핑과 연계하도록 했습니다. 예를 들어 '(D2) 문제상황 목록'의 '(D2)'는 교육과정 매핑에서 기능 'D2' 시간에 사용하는 양식이라는 뜻입니다. 이렇게 개별 활동지(양식)에도 코드번호를 부여하면 개별 활동지도 효과적으로 관리할 수 있습니다. 이하 다른 개별 활동지는 4부 6장 '학습과정 포트폴리오를 만들다'와 7부, 8부에서도 확인할 수 있습니다.

(D2) 문제상황 목록		
		(4) 학년 ( ) 반
프로젝트 팀 이름		팀원	
이름	문제상황(장소나 상황 포함)	제안하는 내용

(D3) 현장 답사 보고서		
4학년 ( )반	팀이름	
팀원		
문제상황 확인하기		
제안하는 내용 정하기		
제안하는 까닭 파악하기		
제목 정하기		
누구에게 쓸 것인가?		

6부

협동학습,
학생중심수업을 만나다

프로젝트 수업과 협동학습, 콜라보를 이루다

협동학습이란 무엇인가?

협동학습은 학습자가 주도적으로 학습에 참여할 수 있도록 학생의 학습 활동을 구조화하는 것을 말합니다. 『알고 나면 누구나 할 수 있는 협동학습』에서는 '협동학습은 배움을 촉진하는 원리와 구조화된 기법'이라고 설명하면서, '교사-학생-학습내용(교육과정) 사이의 상호작용 방식을 조직하는 수업전략'이라고 소개하고 있습니다. 일반적으로 교실에서 일어나는 학습의 구조는 개별학습 구조와 경쟁학습 구조가 대부분입니다. 협동학습은 이러한 전통적인 학습구조를 바꿔 서로 지원하고 협동하여 공동의 목표를 달성할 수 있는 협동학습 구조로 조직하려고 합니다.

경쟁학습 구조	개별학습 구조	협동학습 구조
• 혼자서 활동함 • 급우들보다 더 낫기 위해 노력 • 자신에게 이익이 되는 것이 다른 사람의 이익을 빼앗음 • 보상은 제한적임 • '최고'에서 '최저'까지 대상과 비교 평가함(상대평가)	• 혼자서 활동함 • 자신의 성공을 위해 노력 • 자신에게 이익이 되는 것이 다른 사람에게 전혀 영향을 미치지 않음 • 자신의 성공을 바람 • 보상은 제한 없는 것으로 간주함 • 사전 설정된 기준과 비교해 평가함	• 소규모 집단, 주로 이질적인 집단에서 활용 • 모든 구성원의 성공을 얻기 위해 노력 • 함께 노력하는 것을 칭송 • 보상은 제한 없는 것으로 간주함 • 사전 설정된 기준과 비교해 평가함(절대평가)

출처: 『알고 나면 누구나 할 수 있는 협동학습』, 김성은 외

프로젝트 수업, 협동학습을 만나다

프로젝트 수업과 협동학습은 공통점이 많습니다. 예를 들어 협동학습은 학습의 본질을 사회적 활동으로 규정하고, 학습 구조도 사회적 활동 모습에서 찾으려고 합니다. 프로젝트 수업도 마찬가지입니다. 프로젝트 수업도 기본적으로 학생의 상호작용과 협력을 기반으로, 팀 활동 위주로 과제를 수행하며 사회적 기능을 익히지요.

프로젝트 수업과 협동학습은 이러한 공통점을 바탕으로 서로에게 부족한 점을 보완할 수 있습니다. 일례로 프로젝트 수업은 학생의 상호작용과 활동을 구체적으로 어떻게 할지에 대한 논의는 부족합니다. 반면에 협동학습은 학습 활동을 구조화하고 조직화하는 데 장점이 있으나, 수업을 어떻게 구성하는지에 대한 것은 약하지요. 프로젝트 수업에 협동학습의 요소를 도입하여 학습을 구조화, 조직화하여 운영한다면 서로의 부족한 점을 보완하여 최고의 수업 운영 시스템을 구축할 수 있을 것입니다. 프로젝트 수업이 수업의 하드웨어라면, 협동학습은 수업의 소프트웨어입니다.

긍.개.동.동
: 협동학습의 4가지 원리

긍.개.동.동: 협동학습의 4가지 원리

협동학습의 기본 원리는 긍정적인 상호의존, 개인적인 책임, 동등한 참여, 동시다발적인 상호작용을 가리킵니다. 흔히 앞글자를 따 '긍개동동'이라고 부르기도 합니다.

긍	개	동	동
긍정적인 상호의존	개인적인 책임	동등한 참여	동시다발적 상호작용

출처: 『알고 나면 누구나 할 수 있는 협동학습』, 김성은 외

1. 긍정적인 상호의존

팀을 구성할 때 긍정적인 상호의존 관계로 팀을 구성하는 것으로, 앞에서 살펴본 〈윤식당〉에서처럼 각자 다른 강점을 가진 팀 구성원들이 서로 도움을 주고받으며 '윤식당 운영'이라는 공동의 목표를 달성하기 위해 노력합니다. 이처럼 긍정적인 상호의존은 개인마다 다양한 강점을 가지고 있음을 인정하고, 집단 내에서 나의 강점이 다른 사람의 단점을 보완해주고, 다른 사람의 강점이 나의 단점을 보완해주도록 상호 의존하면서 협력체계를 구축하는 것을 말합니다.

2. 개인적인 책임

공동의 목표를 달성하기 위해 자신의 과제를 책임지고 완수해야 하는데 이것을 '개인적인 책임'이라고 합니다. 개인적인 책임은 '긍정적인 상호의존'의 보조적인 역할을 합니다. 팀 내에서 자신의 책임을 다해야 공동의 목표를 달성할 수 있습니다.

사회적 활동은 혼자 동떨어져서 모든 책임을 다 지는 것이 아니라 구성원끼리 서로 협력하면서 자신의 책임을 다하는 것입니다. 구성원 한 사람이 주어진 과제를 혼자 모두 책임진다기보다는 주어진 과제를 주관은 하되, 구성원과 함께 과제를 해결해 나간다고 생각하면 됩니다. 수업에서 개인적인 책임을 너무 강조하면 학습자가 부담을 갖거나 독단으로 흐를 가능성이 있습니다. 따라서 개인의 책임은 어디까지나 공동체 안에서의 '개인의 책임'임을 강조할 필요가 있습니다. 〈윤식당〉에서 요리 개발 담당은 '윤 사장님'이지만, 윤 사장님 혼자 요리를 모두 개발하는 것이 아니라 윤 사장님의 주도하에 모든 구성원이 함께 요리를 개발하는 모습을 상상하면 이해가 쉬울 것입니다. 그래서 저는 개인별로 과제를 줄 때 꼭 '팀장'이라는 이름을 줍니다. 그러면 주어진 과제를 수행할 때 내가 팀장이 되어 팀원과 함께 과제를 해결한다는 점을 인식하게 되더군요.

3. 동등한 참여

동등한 참여는 학습자가 공평하게 참여하는 것을 말합니다. 모둠 활동을 하다 보면 한두 명에 의해 독점되거나, 책임이 집중되고 나머지 학생은 무임승차하는 경우가 종종 발생합니다. 동등한 참여는 이러한 학습자 독과점 문제, 무임승차 문제를 해결하고 팀원을 동등하게 구성하고 동등하게 역할을 부여하는 것을 말합니다.

4. 동시다발적 상호작용

동시다발적 상호작용은 학생이 학습을 할 때 같은 공간에서 동시다발적으로 일어나도록 학습을 구조화하는 것을 의미합니다. 기존 일제식 수업에서 학생의 학습활동을 한 사람, 한 사람 일일이 확인했다면, 동시다발적 상호작용은 동시에 여러 곳에 나누어 각자의 학습이 일어나도록 하는 분산적 학습활동이라고 할 수 있습니다. 동시다발적 상호작용은 같은 공간에서 동시다발적인 학습이 일어나기 때문에 교사의 시간과 노력을 줄어드는 대신 학생의 학습주도 시간이 늘어나 학생주도적인 학습이 가능합니다.

협동학습을 운영할 때 주의할 점

협동학습은 학생중심수업을 운영하는 데 많은 도움을 줍니다. 그러나 협동학습이 좋다고 무조건 바로 수업에 도입해도 모두 성공하는 건 아닙니다. 모든 게 그렇듯이 협동학습도 연습이 필요합니다.

협동학습을 대표하는 직소(Jigsaw) 모형이 있습니다. 직소모형은 전문가 집단을 만들어 학생이 스스로 학습한 후 다른 학생과 더불어 학습하는 것으로 상호의존성과 동시다발성을 확보할 수 있고, 많은 학습량을 효율적으로 운영할 수 있는 효과적인 협동학습 방법으로 통합니다. 그러나 저도 직접 해보고, 직소모형을 적용한 많은 공개수업을 참관하기도 했지만 과연 성공적인 수업방법인지 고민하지 않을 수 없었습니다. 이러한 현상이 일어나는 것은 직소모형에 대한 사전 연습이 없었기 때문입니다. 직소모형은 연습 없이 한 번에 실시할 수 있는 학습방법이 아니며, 집단의 여러 구성원이 직소모형의 사회적 기능을 충분히 익힌 다음에야 사용할 수 있습니다.

어떤 수업모형을 실제로 적용하기 위해서는 수업모형이나 수업기술의 장단점을 미리 파악하고, 그 방법을 사용할 준비가 되어있는지 확인한 후 사전에 충분한 연습을 해야 합니다. 수업의 기술을 보여주는 것이 아니라 수업 자체가 목적임을 잊어서는 안 될 것입니다.

최고의 팀을 구성하라!
팀 구성 전략 5가지

프로젝트 수업에서 팀을 잘 구성하면 그 프로젝트는 저절로 굴러간다고 해도 과언이 아닙니다. 어떻게 보면 팀을 구성하고 운영하는 것은 프로젝트 수업의 핵심일 것입니다. 이 장에서는 협동학습에 기반을 두고, 프로젝트 수업에서의 팀 구성과 운영 전략을 소개하겠습니다.

전략 1: 수업을 분석하라!

팀(모둠) 구성의 절대적인 기준은 바로 수업입니다. 수업의 특성을 살펴보고 수업의 특성에 맞게 팀을 구성하고 운영하는 것이지요. 따라서 교사는 수업을 분석한 후 그 수업에 필요한 사회적 기술이나 핵심역량을 생각하고, 학생들이 해야 할 과제를 찾아야 합니다.

전략 2: 이질적인 집단으로 할 것인지, 동질적인 집단으로 구성할지를 결정하라!

팀 구성은 크게 이질적인 집단과 동질적인 집단, 2가지로 나눌 수 있습니다. 교사는 수업을 살펴보고 어떻게 구성할지를 결정합니다.

이질적인 집단으로 팀 구성

이질적인 집단으로 팀을 구성하는 것은 과제 중심, 역할 중심으로 하는 것입니다. 프로젝트를 수행할 때 서로 강점이 다른 구성원이 모여서 진행하는 것이 효율적이라고 판단될 때 이 방법을 사용합니다. 예를 들어, 시화 그리기 수업을 한다면 꾸미기를 잘하는 사람, 시를 잘 쓰는 사람, 시 낭송을 잘하는 사람 등이 필요하겠죠? 이때 팀은 꾸미기 팀장, 시 창작 팀장, 시 낭송 팀장 등 서로 다른 강점을 가진 사람들로 구성할 수 있습니다.

동질적인 집단으로 팀 구성

팀을 동질 집단으로 구성한다는 것은 개인의 흥미나 관심, 취미 중심으로 하는 것입니다. 구성원의 강점보다는 개인의 흥미나 관심이 같은 사람들로 구성했을 때 더 효과적이라고 판단될 때 사용합니다.

전략 3: 팀을 어떻게 구성하든 책무성을 부여하라

프로젝트 수업에서 과제를 수행하는 것은 대부분 사회적 기능과 연관되어 있고, 팀이 구성되면 팀 구성원은 사회적 기능을 수행하게 됩니다. 따라서 팀을 이질적인 집단으로 구성하든 동질적인 집단으로 구성하든 상관없이 구성원에게 역할을 부여할 필요가 있습니다.

이질적인 집단은 팀 구성 출발부터 역할 중심으로 구성했기 때문에 별도로 역할을 부여하는 과정이 필요 없습니다. 그러나 동질적인 집단은 의도적인 역할 부여가 필요합니다. 동아리 성격이 강하기 때문에 팀을 먼저 구성한 후 집단 내에서 스스로 역할을 부여하라고 하면 구성원끼리 의논하여 자연스럽게 진행됩니다.

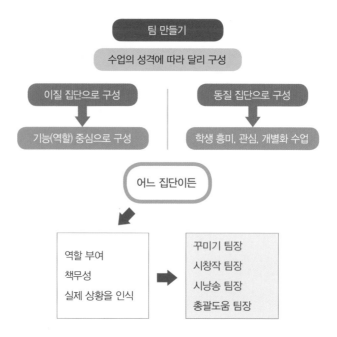

전략 4: 팀 인원을 결정하라

정해진 것은 없으나 보통 4인 1팀이 이상적입니다. 2명으로 팀을 구성하면 팀이라기보다는 친구 같은 느낌이 들고, 5명 이상으로 구성하면 무임승차하는 사람이 생기거나 모둠 내에서 2명, 3명으로 분화되면서 1명이 외톨이가 되기도 하니까요. 만약 인원이 어중간해 5명으로 해야 한다면 차라리 3명, 2명으로 구성하여 팀수를 늘리는 것이 더 효과적일 수 있습니다. 물론 절대적인 것은 아니며, 수업의 내용에 따라 얼마든지 달라질 수 있습니다.

이상적인 팀 인원은?

2명은 친구 | 3명은 군중 | 4명은 이상적 | 5명은 무임승차

전략 5: 학습 약자를 배려하고, 팀 화합자 또는 조정자를 넣어라

팀을 역할별로 구성하다 보면 '나는 아무것도 잘하는 것이 없어요'라고 하는 학생이 반드시 있습니다. 이런 약자를 배려할 필요가 있습니다. 또 집단 구성원을 화합시키고 조정할 수 있는 사람이 있으면 더 좋겠지요. 따라서 이런 역할을 하는 사람을 1명 더 추가합니다.

4인 1모둠에서 3명은 기능별로 구성하고, 나머지 1명은 이처럼 약자 배려로 남 겨둡니다. 저는 이 약자 배려 몫을 보통 '총괄도움 팀장'으로 명명하고 각별하게 신경 씁니다. '총괄'이라는 이름을 붙인 이유도 약자가 주눅 들지 않게 하고, 자신 이 하는 일도 중요하다는 것을 강조하기 위해서입니다. 실제 수업에서 쉽고 간단 한 것, 또는 재미있는 일을 할 때는 '총괄도움 팀장'에게 시켜서 학습에 참가하도 록 배려합니다.

[최고의 팀 구성: 이질적인 집단]

서로 지원하고
협력하는 팀을 만들다

이질적인 팀 구성의 기본 전제는 '사람은 각자 자신만의 강점이 있다'고 믿는 것입니다. 예컨대 하워드 가드너의 다중지능 같은 것입니다. 각자 다른 사람이 모여서 하나의 과제를 수행한다면 공통의 목표를 이룰 수 있다고 믿는 것이지요.

이질적인 팀은 프로젝트 수업의 기본적인 팀 구성 형태입니다. 하나의 팀 안에 서로 다른 강점을 가진 구성원을 둠으로써 하나의 기능이 지배하기보다는 팀 구성원이 서로 지원해줄 수 있는 구조로 만듭니다. 팀 안에서 공통의 목표를 두고 완수할 수 있도록 상호 의존적인 관계를 형성합니다.

이질적인 팀 구성의 강점은 하나의 특정 강점이 팀을 지배하는 것이 아니라 상호 보완하면서 지원해줄 수 있다는 점입니다. 팀 구성원 하나하나는 팀 안에서 꼭 필요한 존재가 됩니다. 이렇게 상호 의존적인 관계를 만들면 학생들은 자연스럽게 함께하는 것을 배우게 됩니다. 저는 실제 팀을 구성할 때 학생들에게 "우리는 함께하는 것을 배우려는 것이다"라는 말로 이질적인 집단 구성에 의미를 부여하곤 합니다.

지배적 활동 ➡ 서로 지원 ➡ 함께하는 것을 배우려는 것

이질적인 팀 만들기의 실제 예

먼저 수업을 분석합니다. 성취기준을 중심으로 이 수업을 위해 다음과 같은 프로젝트 수업을 진행하려고 합니다.

성취기준	[4국03-03] 관심 있는 주제에 대해 자신의 의견이 드러나게 글을 쓴다
프로젝트명	교장 선생님, 제안할 게 있어요.
탐구질문	우리가 학교생활 개선 제안자가 되어 학교의 여러 문제를 해결하기 위해 교장 선생님께 제안하는 글을 쓰려면 어떻게 해야 할까?

이 수업은 교장 선생님께 학교의 문제를 제안하는 글을 써 교장 선생님 앞에서 발표하는 프로젝트입니다. 그렇다면 이 수업을 위해서는 팀을 어떻게 구성해야 할까요?

첫째, 수업을 분석하고, 과제 수행을 위해 필요한 역할과 인원 정하기

프로젝트를 수행하려면 어떤 역할과 기능이 필요한지를 먼저 생각해야 합니다. 저는 이 수업을 위해서 '학교의 문제점을 잘 발견할 수 있는 사람, 자료를 수집하고 정리할 수 있는 사람, 발표를 잘하는 사람'이 필요하다고 생각했습니다. 마지막 1명은 약자 배려 몫으로 '총괄도움 팀장'을 만들었습니다. 따라서 이 수업을 위해 필요한 팀 구성원은 다음과 같습니다.

문제발견 팀장

자료수집 팀장

발표 팀장

총괄도움 팀장*(약자 배려)*

둘째, 학생들에게 팀 내에서 역할을 안내하고, 자신의 강점을 생각하게 하기

프로젝트를 수행하기 위한 역할을 안내해주고, 자신의 강점을 생각하도록 합니다. 팀을 이질적으로 구성하다 보면 보너스처럼 얻는 것이 하나 있습니다. 바로 자신이 잘하는 것이 무엇인지를 생각해볼 기회가 생긴다는 것이지요.

셋째, 학생들에게 자신의 강점에 맞춰 2가지 역할 지망하게 하기

팀 내에서 필요한 역할을 안내한 후 학생들에게 포스트잇을 나누어 주고, 4가지 역할 중 2가지를 지망하게 합니다. 2가지를 지망하게 하는 이유는 한 곳으로 몰리거나, 지망자가 한 명도 없는 경우가 발생하는 것을 막기 위해서입니다. 2가지를 지망하면 경우의 수가 늘어나 지원자가 부족한 역할일 경우 2 지망자로 조정할 수 있다는 장점이 있습니다. 포스트잇을 나누어 줄 때는 남녀 성별에 따라 포스트잇의 색깔을 다르게 하여 팀 구성 시 성별을 조절할 수 있도록 합니다.

이름	
1지망	
2지망	

넷째, 포스트잇에 적은 강점 중에 1 지망한 곳에 붙이기

포스트잇에 적은 것 중 1지망에 적은 것을 칠판 앞에 붙이게 합니다.

다섯째, 각 역할 별로 인원수와 성별을 조정하기

자신의 강점에 따라 포스트잇을 붙이면 어느 곳에는 지망생이 많고, 어느 곳에는 지망생이 부족하기 마련이지요. 이때 팀 배정 순서는 지원자가 적은 곳부터 시작합니다. 가장 많은 지원자가 몰린 곳에 있는 사람들 중 지원자가 가장 적은 곳을 2지망으로 쓴 사람을 보내면 됩니다. 이때 "○○이는 문제발견도 잘하지만 발표도 잘하는 것 같은데 발표 팀장으로 가도 되겠니?"라고 양해를 구합니다. 이렇게 하면 학생의 의견을 존중하면서 부족한 인원을 채울 수 있고, 학생들의 불만도 잠재울 수 있습니다. 이런 내용을 처음 팀을 구성할 때 미리 알려주는 것도 학생의 불만을 줄일 수 있는 방법입니다.

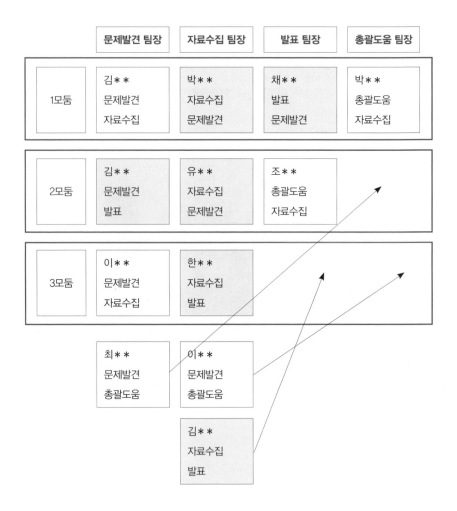

문제발견 팀장	자료수집 팀장	발표 팀장	총괄도움 팀장
1모둠 김** 문제발견 자료수집	박** 자료수집 문제발견	채** 발표 문제발견	박** 총괄도움 자료수집
2모둠 김** 문제발견 발표	유** 자료수집 문제발견	조** 총괄도움 자료수집	
3모둠 이** 문제발견 자료수집	한** 자료수집 발표		
최** 문제발견 총괄도움	이** 문제발견 총괄도움		
	김** 자료수집 발표		

여섯째, 동료의식 심어주기

팀이 만들어지면 팀별로 자리에 앉게 합니다. 새로 팀이 만들어지면 팀원끼리 인사하는 시간을 갖습니다. 이때 "안녕하세요? 발표 팀장 누구누구입니다"처럼 자신의 역할을 부각시키는 인사말을 만들게 하면 좋습니다. 팀 동료의식을 심어주기 위한 또 다른 방법으로는 팀 구호 만들기, 팀 명패 만들기, 명함 만들기 등의 활동이 도움이 됩니다.

팀 구성 과정을 정리하면 다음과 같습니다.

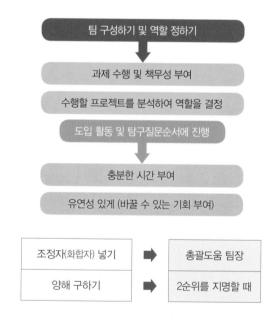

5

[최고의 팀 구성: 동질적인 집단]

학생 흥미와 개인 취향으로
팀을 만들다

동질적으로 팀 구성하기는 학생의 흥미나 취향이 같은 학생끼리 팀을 구성하는 것입니다. 가장 큰 장점은 흥미가 같은 사람끼리 모여 공동의 목표를 달성한다는 것입니다. 그래서 동질적인 팀 자체가 학생들에게 동기부여가 될 수 있습니다. 동질적으로 팀을 구성할 때도 역시 기준은 수업입니다. 먼저 수업을 분석합니다.

성취기준	[6국05-03] 비유적 표현의 특성과 효과를 살려 생각과 느낌을 다양하게 표현한다.
프로젝트명	나의 K-POP 스타를 찬양하라
탐구질문	우리가 엔터테인먼트 회사 사원으로서 우리 소속사 K-POP 가수를 홍보하기 위해 비유적 표현을 사용하여 독창적이고 개성 있는 찬양시를 쓰고, 콘서트를 하려면 어떻게 해야 할까?

이런 수업이라면 좋아하는 가수가 같은 사람들끼리 모여서 수업하는 게 좋겠죠? 좋아하지도 않는 가수를 위해 찬양시를 쓰고 싶지는 않을 테니까요. 동질적으로 팀을 구성하는 것은 비교적 간단합니다. 이 경우에는 먼저 자신이 좋아하는 가

수를 포스트잇에 적어서 칠판에 붙이라고 합니다. 그러면 자연스럽게 좋아하는 가수가 같은 사람들끼리 모이게 됩니다. 때에 따라 같이 하고 싶은 학생들끼리 먼저 팀을 만든 후 가수를 선정해도 됩니다.

동질적으로 팀을 구성할 때면 종종 혼자 하고 싶어 하는 학생이 나옵니다. 그때는 강요하지 않고 혼자 하도록 허락합니다. 단, 혼자 하면 모둠으로 할 때보다 많은 일을 혼자 감당해야 한다는 점을 알려주고, 감당할 수 있으면 혼자 하라고 합니다. 동질집단은 동아리 성격이 강하기 때문에 팀 구성에 학생의 의견을 충분히 반영할 필요가 있습니다.

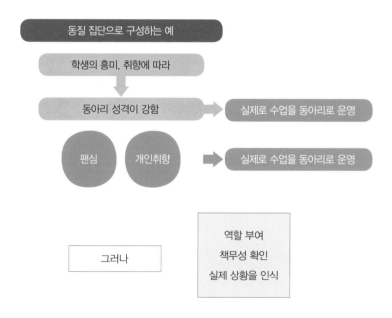

동질적인 팀에서 역할 부여하기

이질적으로 팀을 구성할 때는 역할을 먼저 정하고 팀을 구성했다면, 동질적인 팀 구성은 팀을 구성하고 난 후 역할을 부여합니다. 이 수업의 경우 가수에 대해 잘 아는 '가수 팀장', 찬양시를 꾸밀 수 있는 '꾸미기 팀장', 글을 잘 쓸 수 있는 '글 팀장', 마지막으로 약자나 조정자를 위한 '총괄도움 팀장' 등 필요한 역할만 제시했습니다. 그러면 아이들은 자신의 팀 내에서 의논하여 각자의 역할을 정합니다.

프로젝트 수업은 긴 시간 동안 진행되기 때문에 팀 구성이 매우 중요합니다. 일반적인 교과서 수업에서는 팀을 잘못 구성하여 그 수업을 망쳤다고 해도 길어야 40분이면 끝입니다. 하지만 프로젝트 수업에서는 한 번 팀을 만들면 짧게는 10차시에서 길게는 30~40차시 동안 팀을 유지해야 합니다. 이렇게 긴 시간 동안 팀 활동을 하기 때문에 만약 팀 구성이 잘못되면 프로젝트 자체를 진행하기 힘들어질 수도 있습니다. 따라서 팀을 구성할 때는 충분한 시간과 선택의 기회를 줄 필요가 있습니다.

수업 운영 최고의 전략 TAPS

교사로서 수업을 운영하는 것은 커다란 고민거리가 아닐 수 없습니다. 학습내용은 어떻게 구성하고, 학습대형은 어떻게 유지하고, 무슨 활동을 할지에 대한 고민은 교사라면 언제나 무거운 숙제처럼 느껴집니다. 전통적인 수업에서는 모든 학생이 앞을 바라보고, 교사는 전체 학생을 대상으로 강의하는 일제식으로 수업하면 그만이었습니다. 그러나 지금은 교실 환경이 그때와는 많이 다르지요. 블록타임 도입으로 수업시간은 길어졌으며, 수업에 학생이 직접 참여하는 수업 형태가 늘어나면서 기존의 일제식 수업 운영 방식은 한계 상황에 다다랐습니다. 이제 수업 운영 방식에도 변화가 필요합니다.

TAPS 전략이란 무엇인가?

TAPS는 앞글자를 따서 만든 말입니다.

T: Total = 전체

A: Alone = 개별

P: Partner = 짝과 함께(둘이서)

S: Small Group = 소집단(모둠)

TAPS 전략은 학습의 형태를 '전체, 개별, 조별(짝 활동), 소집단(모둠 활동)'으로 구분하고, 각 학습형태에 따라 학습의 효과도 달라진다고 보고 있습니다.

전체집단(T)	어떤 것은 학급 전체로 가르칠 필요가 있다. 전체 집단에게 전달해야 할 그 어떤 것이 있다.
개별(A)	혼자 활동하면, 학생은 자신만의 방법으로 문제를 해결한다. 그들은 자신이 생각하고 행하고 말하는 것에 책임을 질 것이다.
조별(P)	파트너와 함께 활동하면, 그들은 많은 생각과 아이디어를 공유할 수 있다. 그들은 서로 함께 활동하면서 해결책을 찾을 수 있다.
소집단(S)	효과적인 소집단은 함께 협력하여 활동한다. 집단의 아이디어와 재능을 이용함으로써 학습이 가속될 수 있다.

출처: 『맞춤형 수준별·개별화 수업 전략』, Gayle H. Gregory 외 지음, 조영남 외 공역

TAPS 전략은 교사가 단위 수업시간에 다음과 같은 원칙으로 수업하기를 권유합니다.

T: 전체적으로 가르치라.

A: 혼자 생각하고 활동하게 하라.

P: 파트너와 함께 활동하게 하라.

S: 소집단(모둠) 활동을 하게 하라.

또 TAPS 전략은 학습의 내용이나 방법에 따라 전체, 개별, 조별, 소집단으로 구분하고, 교사는 학습내용에 모둠 구성과 학습 방법을 각기 다르게 구사하도록 하고 있습니다. 일반적인 수업을 예를 든다면 지식을 가르칠 때는 전체가 앞을 보고 수업하는 전체(T)를 구사하고, 모둠 활동이 필요하면 소집단(S) 활동을 하도록 구성하는 것입니다.

이 책에서는 실제 TAPS 전략을 사용하는 예로 5부 '교사, 교육과정을 매핑하다'의 실제 매핑에서 TAPS로 표시했으며, 7부와 8부에서 실제 수업 적용 사례를 수록했습니다. 참고하기 바랍니다.

전체	개별	조별(파트너)	소집단
– 전체 학급 수업 – 모든 학생이 같은 활동을 수행함 – 흔히 교사 주도	– 학생이 선택에 의해 독립적으로 활동하거나 지시에 따라 활동함	– 학생은 무작위 선택을 통해 짝지어짐(번호 부르기 등) – 교사가 설계 – 학생들의 선택 – 과제나 흥미 지향	– 교사나 학생에 의해 무작위로 구성되거나 구조화됨 – 흥미나 과제 지향 –협력 집단을 위해서는 이질적인 팀 구성 – 기능을 위해서는 동질적인 팀 구성
각 집단 편성을 위해 제안된 전략들			
– 사전평가 – 새로운 기능 모델링 – 초청연사 – 새로운 정보제공 – 비디오 보기 – 소집단 활용 – 교과서 – 연구 과제 – 인터넷 검색	– 사전평가 – 자기평가 – 독립적인 연구 – 노트 필기와 요약 – 반성 – 일기 쓰기 – 포트폴리오 평가 – 티켓 떼기	– 브레인스토밍 – 정보처리 – 이해 점검 – 동료 편집 – 연구하기 – 유사한 주제에 흥미 – 숙제 계획하기 – 숙제 점검하기	– 집단 프로젝트 – 학습 센터 – 합의하기 – 협력 집단 학습 과제 – 문제해결 – 포트폴리오 회의 – 집단 조사 – 캐러셀 브레인스토밍 – 낙서 브레인스토밍

출처: 『맞춤형 수준별 · 개별화 수업 전략』, Gayle H. Gregory 외 지음, 조영남 외 공역

TAPS 전략으로 실제 수업을 운영해보면 매우 효과적이라는 것을 알 수 있습니다. 저는 블록타임으로 2시간 연속 수업을 합니다. 블록타임으로 수업하면 학생들이 긴 수업시간 때문에 지루해하는데, TAPS 전략으로 수업을 구성하면 지루함 없이 효과적으로 운영할 수 있습니다. 블록타임 수업 초기에는 전체(T)를 대상으로 수업을 하다가, 시간이 좀 지나면 모둠 활동(S)을 합니다. 모둠 활동이 끝나면 짝(P)과 함께 모둠 활동에서 든 생각을 공유하고, 마지막으로 오늘 수업을 혼자(A) 생각하게 합니다. 학습내용과 학습형태, 학습시간을 이처럼 다양하게 구조화하여 운영하면 블록타임이 길어도 시간이 언제인지 모르게 금방 지나갑니다. 학생들이 지루할 틈이 없지요.

TAPS 전략으로 학습내용을 편성하여 운영하면 학생들에게 수업 운영에 대해 일정한 신호를 줄 수 있다는 장점도 있습니다. 학생들은 처음에는 지식 중심으로 학습하지만 조금 지나면 모둠 활동을 할 수 있을 것이라는 것을 알기 때문에, 지식을 배우는 게 조금 지루하고 힘들어도 조금 참아줍니다. 또 모둠 활동이 끝나면 나혼자 수업에 대해 정리한다는 것도 예상할 수 있습니다. 이러한 수업 운영 신호는 학습자에게 다음 학습을 기대하게 만들고, 현재의 학습이 다음 학습에 영향을 준다는 것을 생각하게 만듭니다.

TAPS 전략을 사용하면 또 다른 효과도 있습니다. 짝을 바꾸어 달라는 말이 사라집니다. 한 시간에 학습대형이 여러 번 바뀌기 때문에 현재 짝에 대해 큰 불만이 없습니다. 저는 수업을 처음 시작할 때는 남녀 번호순으로 앞을 바라보고 일제식으로 앉게 합니다. 그러다가 시간이 지나면 모둠 활동을 하게 하는데, 이때는 앞에서 알아본 것처럼 새로운 모둠을 구성하여 활동합니다. 모둠 활동이 끝나면 다시 모둠 내에서 둘씩 짝을 이루어 짝 활동을 하게 합니다. 마지막에는 다시 처음 앉았던 자리로 돌아와 혼자 활동하는 시간을 줍니다. 이처럼 TAPS 전략은 단위 수업시간 안에 학습의 형태와 짝이 여러 번 바뀌기 때문에 굳이 짝을 바꾸어 달라고 하지 않아도 됩니다. 설령 지금 짝이 마음에 들지 않더라도, 몇 분 후면 짝이 바뀐다는 점을 알고 있기 때문에 학생들은 역시 조금 참아줍니다.

프로젝트 수업에서도 TAPS 전략은 매우 효과적입니다. 프로젝트 수업은 보통 블록타임으로 운영하고, 수업의 내용과 형식도 다양하기 때문에 보다 입체적이고 유기적인 수업 운영에 많은 도움이 됩니다.

7부

완전학습에 도전하라!
지식 없이는 수업도 없다

학생중심수업의 기반은
지식에서 나온다

학생중심수업이라고 지식을 경시하지 마라!

언제부터인지 모르겠지만 교육 현장에서는 지식을 경시하거나 노골적으로 반감을 드러내는 경우를 종종 발견할 수 있습니다. 그러나 지식은 여전히 학생들에게 가르쳐야 할 가장 중요한 요소입니다. 학생중심수업이라도 예외는 아닙니다. 아니 학생중심수업일수록 더더욱 지식을 가르쳐야 합니다.

교육 현장에서 지식을 경시하는 풍조가 왜 생겼는지 이해하지 못하는 것은 아닙니다. 지금까지 지식 위주의 암기식 교육에 대한 폐해가 워낙 컸기 때문에 거기에 따른 반작용이겠지요. 그러나 '지식 위주의 암기식 교육'이 문제지 '지식' 그 자체는 아닙니다. 자라 보고 놀란 마음 솥뚜껑 보고 놀란다는 말처럼 지식 위주의 암기식 교육에 놀란 가슴이 '지식'만 보고도 놀라는 격이라고 할 수 있습니다. 당연히 지식 위주의 암기식 교육에서는 벗어나야 하겠지요. 그러나 '지식'을 교육하지 말라는 이야기는 아닐 것입니다.

교육과정에서 '지식'을 어떻게 생각하는지는 성취기준에 잘 나타나 있습니다. 앞에서 알아본 것처럼 성취기준은 '지식'과 '기능'으로 구성됩니다. 이 말은 지식을 가르치지 말라는 것이 아니라 지식과 기능을 함께 가르치라는 의미입니다. 어느 하나를 배척하는 것이 아니라 지식과 기능이 조화와 균형을 이루는 것이 필요합니다.

모든 수업은 '지식'에서 출발한다고 해도 과언이 아닙니다. '지식'은 언제나 수업의 최전선, 출발선상에 있다고 할 수 있습니다. 지식에 대한 이해 없이는 수업에서의 유의미한 '활동'도 기대할 수 없습니다. 학생중심수업에서도 지식이 중요하기는 마찬가지입니다. 학생중심수업에서 강조하는 자율적인 학습이나 학생주도적인 학습이 제대로 운영될 수 있도록 뒷받침해주는 것이 바로 지식입니다. 아는 것이 없으면 아무리 수업의 주제가 좋아도, 또 팀원이 아무리 좋더라도 결국 성공하기 어렵습니다. 교실에서 일어나는 대부분의 활동은 모두 지식을 기반으로 하고 있으니까요. 수업에서 '지식'은 학생 활동의 기준이 되기도 하고, 학습자가 학습하면서 하게 되는 많은 선택의 기준이 되기도 합니다.

지식 없이는 학생중심수업도 프로젝트 수업도 없습니다. 특히 프로젝트 수업에서는 지식을 '아는 데' 그치는 것이 아니라, 이를 '활용'하는 것에 더 큰 의미를 두고 있습니다. 프로젝트를 수행하려면 관련 지식을 알아야 과제를 해결할 수 있습니다. 따라서 만약 여러분이 학생중심수업을 잘하고 싶다면 먼저 지식을 가르치는 방법을 고민하세요. 그것도 모든 학생들이 지식을 완전하게 알 수 있는 '완전학습'으로 말입니다.

[완전학습 솔루션 1]
학생의 지적 수준을 진단하라
- KWL 차트

지식을 가르친다는 것은 언제나 어렵습니다. 완전학습이라면 더더욱 어렵겠지요. 교사인 우리는 언제나 모든 학생들이 지식을 완전하게 알았으면 좋겠다고 생각하지만 마음대로 되지 않습니다. 지금부터는 언제나 생각은 하지만 실현하기 어려운 완전학습에 이르는 길을 차근차근 알아보도록 하겠습니다. 완전학습을 위한 첫걸음은 학생들의 지식 상태를 진단하는 것에서 시작합니다.

KWL 차트로 학생의 지식을 진단하라

완전학습의 시작은 학생이 학습목표를 달성하기 위해 필요한 '지식'을 아는지 모르는지, 안다면 얼마나 알고 있는지를 진단하는 것에서 시작합니다. 학생의 학습 정도를 확인하는 방법은 여러 가지가 있겠지만 저는 KWL 차트를 많이 사용합니다. KWL 차트는 '아는 것(K: What I Already Know), 알고 싶은 것(W: What I want to

Know), 배운 것 L: What I Have Learned)'을 학생 스스로 표시하는 것입니다.

K.W.L. Chart

Topic: _____

K What I Already Know	**W** What I Want Know	**L** What I Have Learned
아는 것	알고 싶은 것	배운 것

KWL 차트 사용법 - 수업에 맞게 변형시켜라

처음 학생들에게 KWL 차트를 원형 그대로 제시했더니 대부분의 학생들이 '알고 싶은 것'란에 '없다'로 표시하는 부작용이 생기더군요. 그래서 그 이후에는 수업을 분석하고, 그 수업에 맞는 형식으로 변형해 사용했습니다. 다음 표는 제가 '비유적 표현'을 가르칠 때 사용한 KWL 차트입니다. 저는 KWL 차트를 '모른다, 안다, 설명할 수 있다, 활용할 수 있다'로 변형하여 사용했습니다.

비유적 표현(직유법, 은유법)			
모른다	안다	설명할 수 있다	활용할 수 있다

사용법은 간단합니다. 학생들에게 차트를 제시하고 해당 항목에 자신의 번호나 이름을 쓰라고 하면 됩니다. 만약 이름표가 있다면 이름표를 해당 항목에 붙이라고 하면 되겠지요. 그러면 학생들은 교사가 제시한 지식, 여기서는 '비유적 표현'에 대해 자신의 지적 수준을 생각해보고, 해당하는 위치에 표시할 것입니다. 이렇게 표시된 위치는 '비유적 표현'에 대한 학습자의 '지적 위치'가 됩니다.

KWL 차트의 사용 목적

첫째, 학생의 지적 상태를 진단하고 분리할 수 있습니다.

KWL 차트의 가장 큰 장점은 학생의 지식 상태를 분류하고 분리할 수 있다는 점입니다. 교실에는 지식을 아는 학생과 모르는 학생이 뒤섞여 있습니다. KWL 차트를 활용하면 학생들을 지식 단계에 따라 분류해 교사와 학생들이 지식에 관한 적절한 정보를 얻을 수 있습니다.

KWL 차트를 처음 적용할 때 주의할 점이 있습니다. KWL 차트를 사용하는 목적은 성적을 매기는 것이 아니라 학생들의 지적 수준 정보 습득에 있다는 점을 학생들에게 반드시 알려주는 과정이 필요합니다. 학생들은 성적에 민감하게 반응합니다. 만약 KWL 차트가 성적을 확인하는 것이라고 생각하면 거짓으로 체크할 수도 있고, 그러면 아무 소용이 없게 됩니다. 따라서 KWL 차트를 사용할 때는 학생들에게 지적 상태의 분류 목적이 성적을 매기는 게 아니라, 아는 학생과 모르는 학생을 확인하여 모르는 사람에게 지식을 알게 해주기 위한 것이라는 것을 분명하게 전달해야 합니다.

뿐만 아니라 실제로 '모른다'에 체크한 학생에게는 반드시 관련 지식을 따로 알려주어야 합니다. 이것은 학생들에게 '모른다'에 체크하면 반드시 '알게 된다'는 신호를 주는 것과 같습니다. 이 신호는 굉장히 중요합니다. '모른다'에 체크하는 순간 지금은 모르지만 나는 반드시 그 지식을 알게 될 것이라는 믿음을 갖게 되면 이후 '알기' 위해서 '모른다'에 체크하는 행동을 가져올 수 있습니다.

둘째, 학생의 상태에 맞는 처방을 할 수 있습니다.
학생을 분류하는 목적 중 하나는 학생 스스로 자신의 지적 위치를 확인하는 것이고, 다른 하나는 그 학생에 맞는 처방전을 내리는 것입니다. 진단의 목적은 처방에 있습니다. 따라서 진단과 처방은 항상 같이 움직이겠지요. KWL 차트로 학생을 진단했다면 교사는 구체적인 처방전을 가지고 있어야 합니다. 여러분에게 제시하는 구체적인 처방전은 중재반응모형(Response to Intervention: RTI)입니다. 중재반응모형에 대해서는 다음 장에서 자세히 다룹니다.

셋째, 지적인 출발점을 체크합니다.
KWL 차트는 수업 시작 초기부터 활용합니다. 앞으로 학습을 하기 위해서 알아야 할 지식은 무엇이고, 자신은 현재 얼마나 알고 있는지 스스로의 지적 수준을 출발점에서부터 체크해볼 수 있습니다. 이것은 전쟁에 나가는 군인이 자신의 무기를 점검하는 것과 같습니다. 자신의 무기를 확인하고 전쟁에 나가는 사람과 그것을 모르고 나가는 사람은 다르겠지요. 지식은 언제나 수업의 최전선에 있기에 지식 상태를 점검하는 것은 필수입니다.

넷째, 지식을 학생과 공유하고, 학습목표를 알려줍니다.

KWL 차트는 지식을 학생과 공유하여 어디까지 지식을 습득해야 하는지 학습 목표를 알려줍니다. 위에서 예로 든 KWL 차트는 비유적 표현(은유법, 직유법)에 대해 '모른다 → 안다 → 설명할 수 있다 → 활용할 수 있다'처럼 수업에서 요구하는 방식으로 구성되어 있습니다. 이 차트를 본 학생은 이 수업의 학습목표가 단순히 비유적 표현을 아는 것에 그치는 것이 아니라, 비유적 표현을 알고 설명할 수 있으며, 활용하는 데 있다는 점을 인식할 수 있을 것입니다. 만약 자신의 위치가 '모른다'에 있다면 자신은 비유적 표현을 알고 활용할 수 있을 때까지 가야 한다고 생각할 것입니다.

다섯째, 자신의 현재 지적 위치와 변화를 즉시 확인할 수 있습니다.

KWL 차트의 가장 큰 장점은 학습과정에서 일어나는 지적 위치의 변화를 구체적이며 즉각적으로 확인할 수 있다는 것입니다. 교사는 학생이 지식을 학습하면 즉시 지식의 학습 상태를 KWL 차트로 확인하게 합니다. 예를 들어 출발점에서 '모른다'에 체크한 학생이 지식을 학습하고 알게 되었다면 학습이 끝나는 즉시 '모른다'에서 '안다'로 옮기게 합니다. 이렇게 하면 자신의 지적 변화와 현재의 위치를 시각적으로 확인할 수 있습니다.

저는 실제 수업에서 KWL 차트를 항상 사용합니다. KWL 차트 사용법은 간단하지만 수업에 미치는 효과는 정말 큽니다. 실제 수업에서 사용해보세요. 기대 이상의 많은 효과를 경험할 수 있을 것입니다.

3

[완전학습 솔루션 2]

지식처방전을 내려라
- 중재반응모형(RTI)

학습을 위한 평가는 평가 이후가 더 중요합니다. KWL 차트로 학생의 학습정보를 얻었다면 학습 수준에 맞는 처방전을 주어야 하지요. 진단과 처방은 사실 동시에 일어난다고 할 수 있습니다. KWL 차트가 진단 도구라면 중재반응모형(Response to Intervention: RTI)은 좋은 처방전이 될 것입니다.

중재반응모형이란 무엇인가?

중재반응모형은 학습에서 다루어야 할 기준(지식)을 정하고 학생을 선별한 후 학생에 맞는 적절한 학습 방법을 제공(중재)하여 해당 학년의 지식 수준으로 돌아가게 하는 방법을 말합니다. 중재반응모형은 '학생의 선별, 격차의 초기 발견, 뒤떨어지기 전에 노력하는 학생을 돕기 위한 중재'까지 3단계로 구성되어 있습니다. (『맞춤형 수준별 · 개별화 수업 전략』, Gayle H. Gregory 외 지음, 조영남 외 공역)

중재반응모형 실행하기

중재반응모형은 비교적 간단하면서도 실제 수업에 활용할 수 있는 방법입니다. 기존의 완전학습을 위한 처방이 교실에서 실천하기 어렵거나 이상적인 모습이라면 중재반응모형은 실제 교실에서 직접 활용할 수 있어 실용적입니다. 중재반응모형은 다음과 같이 실시합니다.

1단계: 학생을 분류하고 분리합니다.

처방하려면 먼저 학생들을 분리할 필요가 있습니다. 학생을 분류할 때는 학습에 필요한 영역(지식)을 정하고, 앞에서 다룬 KWL 차트를 사용합니다. 다음 표는 '비유적 표현'의 실제 분류 장면입니다. 이 수업에서는 비유적 표현을 '모르는' 학생, '아는' 학생, '설명할 수 있는' 학생, '활용할 수 있는' 학생으로 학생의 지적 상태를 분류했습니다.

2단계: 중재가 필요한 집단과 그렇지 않은 집단으로 나눕니다.

학생이 분류되었으면 교사의 개입(중재)이 필요하지 않은 집단(집단 A)과 교사의 중재가 조금 필요한 집단(집단 B), 교사의 적극적인 중재가 필요한 집단(집단 C)으로 나눕니다. 위의 표를 예를 든다면 33번과 34번 학생은 적극적인 중재가 필요한 집단이 되겠지요.

3단계: 중재 활동을 합니다.

집단 A(활용할 수 있다): 교사의 중재가 필요 없는 집단

위의 표에서 '활용할 수 있다' 집단의 학생에게는 중재가 필요 없기 때문에 해당 학년 수준의 연구과제를 배당합니다.

집단 B(안다, 설명할 수 있다): 약간의 중재가 필요한 집단 – 중재 집단

'안다'나 '설명할 수 있다'로 표시한 학생들에 해당합니다. 자신의 지식에 대한 확신이 부족한 상태이므로 약간의 중재 활동으로 충분합니다. 학생들을 따로 모아 잠깐 설명하고, 자신의 지적 위치를 '활용할 수 있다'로 바꾸게 한 후 집단 A처럼 해당 학년 수준의 연구과제를 하게 합니다.

집단 C(모른다): 교사의 적극적인 중재가 필요한 집단 – 중재 집단

'모른다'에 체크한 33번 34번은 교사의 적극적인 중재 활동이 필요합니다. 중재 활동을 위해 해당 집단을 함께 모아서 교사가 적극적으로 '비유적 표현'을 가르칩니다. 중재 활동 후 모르던 학생이 알게 되었으면 자신의 지적 위치를 '활용할 수 있다'로 바꾸게 한 후 집단 A처럼 해당 학년 수준의 연구과제를 하게 합니다.

중재반응모형이 성공하기 위한 조건

중재반응모형이 성공하기 위해서는 다음과 같은 2가지 조건이 선행되어야 합니다.

첫 번째, 개별학습을 위한 시간과 공간을 마련해야 합니다. 일반적인 교과서 수업에서는 개별학습을 위한 준비가 쉽지 않지만 프로젝트 수업에서는 과제 위주로 수업이 진행되기 때문에 중재가 필요가 학생들을 위한 시간과 공간을 따로 확보할 수 있습니다.

위의 '비유적 표현' 수업을 예로 든다면, 일반적인 학년 수준의 학생들에게는 모둠별로 가수를 찬양하는 시를 쓰기 위한 준비활동으로 가수에 대해 조사하는 과제를 부여합니다. 학생들이 가수 조사 활동을 하는 동안 중재가 필요한 학생들을 따로 모아 지식을 가르칩니다. 중재 집단 학생이 지식을 습득하면 모둠으로 돌아가서 다른 학생들과 같이 가수 조사 활동을 이어가라고 합니다. 이처럼 개별학습을 위한 시간과 공간을 확보하는 것은 중재반응모형의 성공과 실패를 가르는 중요한 요소입니다.

두 번째, 초기에 분리합니다. 중재반응모형이 성공하려면 초기에 분리하고 적극적인 중재를 통해 학생들이 정상적인 학습 수준을 따라가게 해야 합니다. 지식을 가르치는 데도 골든타임이 있습니다. 수업 초기부터 중재가 필요한 학생을 분리하고, 수업 초기부터 적극적으로 지식을 가르쳐 가능한 한 빠른 시간에 중재가 필요 없는 그룹으로 돌려보낼 필요가 있습니다.

4

[완전학습 솔루션 3]

교사의 오랜 꿈,
완전학습을 위한 9가지 솔루션

완전학습은 교사의 오랜 꿈입니다. 그만큼 완전학습을 하기가 어렵다는 뜻이 겠지요. 그러나 어렵다는 것이지 할 수 없다는 건 아닙니다. 이번 장에서는 그동안 프로젝트 수업을 하면서 경험했던 완전학습에 대한 고민을 바탕으로 솔루션을 제 시해보겠습니다.

솔루션 1: 반복하고 자주하라.

교사는 가끔 한 번 가르쳐주면 학생이 모두 알 것이라는 오류에 빠집니다. 그러 나 한 번 가르친다고 모든 학생이 알게 되는 것이 아닙니다. 행여 그때 안다고 하더 라도 다음 날에는 잊어버리기 십상이죠. 지식을 배우는 것에 '한 방'은 없습니다. 자주하고 반복하고 꾸준하게 해야 합니다. 완전학습은 지속적이고 반복적인 학습 을 통해 이루어집니다. 따라서 완전학습을 위해서는 긴 호흡으로 자주하고 반복적 인 학습이 이루어지도록 수업을 기획해야 합니다.

솔루션 2: 배워야 할 지식을 명확히 하라.

그동안의 수업은 지식을 명확하게 하는 것을 터부시하는 경향이 있었습니다. 무엇 때문인지는 모르겠지만 지식은 항상 수업시간 끝에 등장했습니다. 수업 진행이 미괄식으로 이루어지다 보니 수업 초반부터 지식을 대놓고 드러내는 경우는 드뭅니다. 수업이 미괄식으로 진행되면 학생 스스로 지식을 발견하는 기쁨을 줄 수는 있으나 지식을 배우는 목적의식을 심어주기에는 부족합니다. 현재의 교육과정은 지식과 기능, 모두를 강조합니다. 지식을 배우는 데서 그치는 것이 아니라 활용하는 것도 중요하지요. 학생들이 지식을 배우는 목적도 지식을 배워서 활용하는데 그 목적이 있습니다. 특히 프로젝트 수업에서는 그런 경향이 더 강합니다. 따라서 학생들에게 지식을 명확히 하고, 지식을 배우는 목적을 분명하게 알려줄 필요가 있습니다. 그래야 학생이 활용하기 위해 지식을 배우겠다는 동기가 생깁니다.

솔루션 3: 자신의 지적 위치를 진단하고, 확인하게 하라.

지식은 알고 모르는 것이 분명합니다. 학생은 자신의 지적 상태를 스스로 확인하고, 자신의 지적 위치를 확인하여 진단할 필요가 있습니다. 앞에서 소개한 KWL 차트는 지적 상태와 위치를 스스로 확인하는 좋은 도구가 될 것입니다.

솔루션 4: 초기에 분리하라. 지식을 가르치는 데도 골든타임은 있다.

KWL 차트를 사용하는 목적 중 하나는 학생을 분리하려는 데 있습니다. 이때 중요한 것은 시기, 즉 수업 초기에 분리해야 효과가 있습니다. 몇 차시쯤 지나서 수업이 한창 진행되는 도중에 아이들에게 지적 위치를 확인하게 하면 이미 다 배운 내용이라 창피해서 솔직하게 '모른다'에 체크하지 않기도 합니다. 그러나 지식을 가르치기 전이라면 '모른다'에 체크해도 창피하지 않습니다. 아니, 아직 배우지 않았으니 모르는 것이 당연하다고 생각하기도 합니다. 따라서 초기에 분리하면 지식에 대해 더 정확한 정보를 얻을 수 있습니다. 또한 중재모형에서 언급한 것처럼 초기에 학생들을 분류해 놓으면 그만큼 교사의 대처도 빨라집니다. 이래저래 지식은 빨리 분류하여 초기에 대응할 필요가 있습니다.

솔루션 5: 자신의 지적 위치를 즉시 확인하게 하라.

지식을 가르쳐주었으면 변화된 자신의 지적 위치를 즉시 확인하게 합니다. 학생들도 자신의 지적 위치를 알아야 하고, 지적 위치가 변화되었으면 그 변화를 눈으로 확인해야 합니다. 배우면 알게 되고, 그것을 시각적으로 확인할 수 있어야 합니다.

이 사진은 독서감상문 쓰는 법을 배운 후 '모른다'에 있는 자신의 번호를 지우고 '안다'로 옮기는 모습입니다.

솔루션 6: 형성평가를 적극 활용하라.

지식을 가르쳤으면 학생들이 지식을 얼마나 알고 있는지 진단하는 도구가 필요합니다. 이렇게 학습의 정도를 확인하는 진단 도구가 '형성평가'입니다. KWL 차트도 형성평가의 일종입니다. 완전학습을 하고 싶다면 교사는 적절한 형성평가를 사용하여 학생의 지적 수준을 확인해야 합니다. 형성평가의 방법은 많습니다. 교사는 다양한 방법을 익혀 학생들의 학습정보를 확보할 필요가 있습니다.

솔루션 7: 완전학습을 위한 처방전을 내려라.

학생의 지적 상태를 확인했으면 그에 따른 처방을 내려야 합니다. 지적 처방전은 앞에서 설명한 중재반응모형도 하나의 방법이 될 수 있습니다.

솔루션 8: 개별학습을 위한 시간과 공간을 확보하라.

개별학습을 위한 시간과 공간에 대한 이야기는 앞 장에서 다루었습니다. 한 번 더 강조한다면 수업을 설계할 단계에서부터 개별학습을 위한 시간과 공간을 염두에 두고 수업을 설계할 필요가 있다는 것입니다.

솔루션 9: 배운 것을 활용한다는 믿음을 주어라.

지식을 배운 후에는 반드시 그것을 활용할 수 있다는 믿음을 주어야 합니다. 비유적 표현을 배운 후 그것을 활용하여 케이팝 스타를 찬양하는 시를 쓴다거나, 독서감상문 쓰는 법을 배운 후 실제로 독서감상문을 써보는 것이죠. 배운 것을 활용할 수 있다는 믿음을 주려면 지식을 가르친 즉시 활용하게 하는 게 효과적입니다. 다음 장을 잘 살펴보면 배운 것을 어떻게 즉시 활용하게 하는지가 잘 나와 있으니 참고하세요.

5

이제는 실전이다! 완전학습

완전학습 첫째 날: 지식을 명확히 하고, 동기를 부여하라 - 캔뚜껑

이번 장에서는 실제 수업 사례를 통하여 완전학습이 이루어지는 과정을 직접 확인해보겠습니다. 이 수업은 초등학교 4학년 '제안하는 글쓰기' 단원으로 10차시에 걸쳐 다음과 같은 프로젝트명과 탐구질문을 가지고 프로젝트 수업으로 운영되었습니다.

프로젝트명	교장 선생님, 제안할 게 있어요
탐구질문	우리가 학교생활 개선 제안자가 되어 학교의 여러 문제를 해결하기 위해 교장 선생님께 제안하는 글을 쓰려면 어떻게 해야 할까?

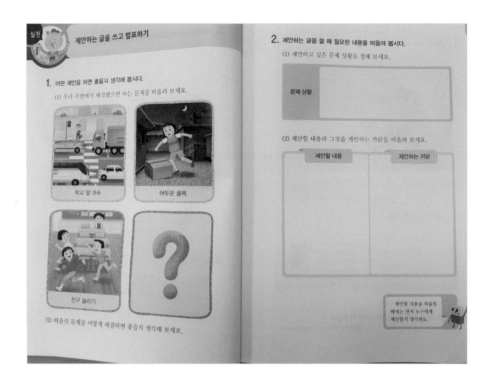

이 수업은 80분 블록타임으로 운영되는 것 중에서 '지식'을 가르치는 것만 제시하고 있습니다. 수업의 자세한 내용은 5부 4장 '이제는 실전이다! 교육과정 매핑 매뉴얼'의 교육과정 매핑으로 대신하겠습니다. 또한 지식을 포함한 수업의 전체적인 모습은 이어지는 8부에서 확인할 수 있습니다. 그럼, 구체적으로 어떻게 완전학습에 도전하는지 수업 속으로 들어가볼까요?

가르칠 지식 명확히 하기

다음은 이 수업의 성취기준입니다. 성취기준에서 볼 수 있듯이 이 수업의 지식은 '관심 있는 주제에 대해 자신의 의견이 드러나는 글', 즉 '제안하는 글'입니다.

성취기준	[4국03–03] 관심 있는 주제에 대해 자신의 의견이 드러나게 글을 쓴다.

지식	➡	관심 있는 주제에 대해 자신의 의견이 드러나는 글	➡	제안하는 글쓰기

이 수업에서 학생들이 알아야 할 지식은 제안하는 글의 구성과 쓰는 방법으로 구체적인 '학습요소'는 다음과 같습니다.

문제상황	어떤 점이 문제인지 다른 사람들이 알 수 있게 자세히 씁니다.
제안하는 내용	문제를 해결하기 위한 자신의 제안을 씁니다.
제안하는 까닭	왜 그런 제안을 했는지, 제안한 내용대로 했을 때 무엇이 더 나아지는지를 씁니다.
제목	제안하는 내용이 잘 드러나게 제목을 붙입니다.

완전학습에 도전하는 첫날에는 학생들이 알아야 할 지식을 명확히 하는 데서 출발합니다. 학생들에게 이번 프로젝트를 수행하기 위한 지식은 위의 학습요소라는 것을 알려줍니다. 특히 교장 선생님의 미션을 수행하려면 제안하는 글을 쓰는 방법(지식)을 알아야 한다는 점을 강조하여 지식 자체가 동기부여가 되도록 합니다.

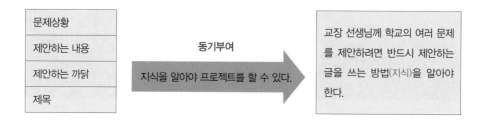

KWL 차트를 활용하여 출발점 확인하기

학생에게 배워야 할 지식을 제시했으면, 제안하는 글쓰기를 얼마나 알고 있는지 학생의 사전지식을 확인합니다. 이제 학생은 배워야 할 지식, 지식의 최종적인 목표, 현재 자신의 지적 위치를 확인할 수 있습니다. '모른다'에 체크한 학생이라면 이 차트를 보면서 '이번 프로젝트를 진행하기 위해서는 제안하는 글을 쓰는 방법을 알아야 하는데, 나는 아직 제안하는 글을 쓸 줄 모른다'고 생각하고 자신의 목표를 '제안하는 글을 쓸 수 있다'에 둘 것입니다.

제안하는 글쓰기(문제상황, 제안하는 내용, 제안하는 까닭, 제목)		
쓸 수 있다	안다	모른다
18, 19, 20	11, 12, 13, 14, 15, 16, 17	1, 2, 3, 4, 5, 6, 7, 8, 9, 10

지식 가르치기

이제 본격적으로 지식을 가르칩니다. 먼저 개별 활동지(양식)를 나누어 줍니다. 이 활동지는 지식을 학습하는 4시간 동안 사용하도록 구성되어 있습니다.

(C2, E1, G1) 제안하는 글쓰기			
4학년 ( )반	이름		

문제상황		문제상황	
제안하는 내용		제안하는 내용	
제안하는 까닭		제안하는 까닭	
제목		제목	

사진 출처: mbc 〈뉴스플러스〉

문제상황		문제상황	
제안하는 내용		제안하는 내용	
제안하는 까닭		제안하는 까닭	
제목		제목	

'문제상황' 학습하기

이 수업을 위해 첫 번째로 도입한 것은 '참치캔'입니다. 강철 뚜껑으로 된 실제 참치캔을 모둠별로 나누어 주고, 참치캔 뚜껑의 문제점을 모둠별로 찾아보라고 했습니다.

| 문제상황 | |

참치캔을 받자마자 학생들은 경험에서 우러나오는 이야기를 합니다.

"참치캔이 날카로워 손을 벨 수 있어요."

"참치캔 꼭지가 쉽게 떨어져요."

그러면 교사는 학생들이 발견한 내용이 바로 제안하는 글쓰기에서 말하는 '문제상황'임을 알려줍니다.

'제안하는 내용' 학습하기

다음으로는 알루미늄 포일로 되어 있는 안심따개 참치를 나누어 주었습니다.

"지금 여러분에게 나누어 준 참치캔은 조금 전의 문제상황을 개선한 것입니다. 무엇이 달라졌는지 모둠별로 찾아보세요. 그리고 지금 찾은 그 내용이 제안하는 글쓰기에서 '제안하는 내용'이 됩니다."

학생들은 강철캔 뚜껑 대신 알루미늄 포일로 된 안심따개로 바뀌었다는 내용을 '제안하는 내용'에 적으며, 제안하는 글쓰기에서 '제안하는 내용'을 어떻게 쓰는지 알게 됩니다.

제안하는 내용	
제안하는 까닭	
제목	

'제안하는 까닭' 학습하기

다음으로 참치캔 뚜껑을 안심따개로 바꾸면 나아지는 것이 무엇인지 생각해보고 '제안하는 까닭'에 쓰라고 합니다. 그리고 이것이 제안하는 글쓰기에서 '제안하는 까닭'이라고 알려줍니다.

'제목' 학습하기

'제안하는 까닭'까지 학습했으면 마지막으로 지금까지의 내용을 통해 무엇을 제안했는지를 돌아보고 적절한 제목을 정하게 합니다. 또한 제안하는 글쓰기에서 '제목'은 이렇게 제안하는 내용과 연관된다는 점도 알려줍니다.

배운 지식 확인하기

동영상으로 학습한 내용을 확인하는 시간을 가졌습니다.

먼저 보여준 동영상은 강철로 된 참치캔 뚜껑의 위험성을 다룬 뉴스입니다.

"칼날처럼 날카로운 식료품 캔을 따다 손을 다치는 사고가 잇따르고 있습니다."

"참치캔을 따 달라고 해서 땄는데 너무 깊게 베여서 신경과 혈관, 인대까지 파열된 겁니다."

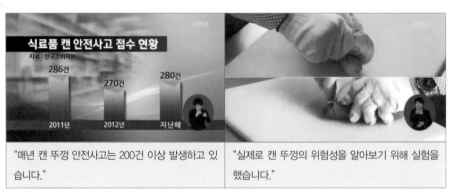

"매년 캔 뚜껑 안전사고는 200건 이상 발생하고 있습니다."

"실제로 캔 뚜껑의 위험성을 알아보기 위해 실험을 했습니다."

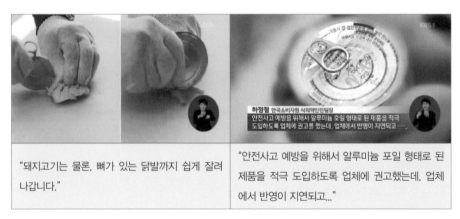

"돼지고기는 물론, 뼈가 있는 닭발까지 쉽게 잘려나갑니다."

"안전사고 예방을 위해서 알루미늄 포일 형태로 된 제품을 적극 도입하도록 업체에 권고했는데, 업체에서 반영이 지연되고..."

첫날에는 지식을 많이 가르쳐라!

지식을 가르치는 첫날에는 많이 가르쳐야 합니다. 수업에 투입하는 자료가 많고 다양할수록 좋습니다. 마지막으로 이번에는 '안심따개' 참치캔 광고 동영상을 보여주었습니다. 유튜브에서 찾은 이 광고는 안심따개와 강철캔을 비교하는 광고입니다.

"뭐든지 싹싹 베어버리는 진격의 참치캔을 소개합니다."

"예리한 톱날! 압도적인 절삭력!"

"자르기 힘든 두툼한 고기가 한 번에 쓱∼"

"단단한 사과도 삭삭삭"

"세상에, 딱딱한 꽃게까지?"

"안심따개는 날카롭지 않고 부드러워서∼"

자신의 지적 위치 확인하기

학습했으면 자신의 지적 위치를 확인하게 합니다. 배운 즉시 실행하여 자신의 지적 위치가 어떻게 변했는지를 직접 확인하는 게 중요합니다. 수업 시작 전에 KWL 차트로 지적 상태를 확인했었죠? '제안하는 글쓰기'를 배우고 난 후 자신의 지적 위치가 어떻게 바뀌었는지를 다시 체크하도록 합니다. 처음에 '모른다'에 체크했던 학생들도 이 수업을 거치면서 바로 '안다'로 옮겨간 자신의 위치를 확인하겠죠? 학생들은 배우고 난 후 KWL 차트로 체크하는 것을 무척 좋아합니다. 자신의 지적 위치를 바로 확인할 수 있고, 몰랐던 것을 알았다는 자신감이 생기기 때문입니다.

자신의 지적 위치를 다시 체크하는 학생들

제안하는 글쓰기		
쓸 수 있다	안다	모른다
18, 19, 20	11, 12, 13, 14, 15, 16, 17	1, 2, 3, 4, 5, 6, 7, 8, 9, 10

배우기 전

제안하는 글쓰기		
쓸 수 있다	안다	모른다
18, 19, 20	11, 12, 13, 14, 15, 16, 17, 4, 5, 6, 7, 8, 9, 10	1, 2, 3

배운 후

배운 것을 활용한다는 믿음을 주어라!

학생들에게 지식을 학습하면, 이를 활용할 수 있다는 믿음을 주기 위해 직접 학교의 문제상황을 찾으러 학교 곳곳을 답사하게 했습니다. 저는 이것을 '현장근무를 한다'고 표현하면서 배운 것은 바로 활용한다는 점을 학생이 직접 경험하게 했

습니다. 이 과정을 거치면 학생은 지식을 배우는 목적은 활용하는 것에 있다는 생각을 갖게 되며, 더 이상 "이거 왜 배워요?"라는 말을 하지 않게 됩니다. 현장 방문까지 마치면 완전학습에 도전하는 첫째 날이 지나갑니다.

완전학습 둘째 날: 지식을 진단하고, 처방하라 - 컵라면

자주하고 반복하라

다음 날 국어 시간은 또 찾아옵니다. 이번에도 역시 지식을 학습하는 것으로 시작합니다. 완전학습은 자주하고 반복해야 하니까요. 아이들은 한 번 배웠다고 다 알 수 없습니다. 어제 배웠으니 오늘도 알 것이라는 것은 교사의 착각입니다. 이번 시간 수업 자료는 '비빔 컵라면'입니다. 먼저 컵라면 중 '비벼 먹는 컵라면' 종류의 문제상황을 이야기해보라고 합니다.

문제상황	
제안하는 내용	
제안하는 까닭	
제목	

누구나 한 번쯤 비빔 컵라면을 먹으면서 불편한 점을 느꼈을 것입니다. 비빔 컵라면에 뜨거운 물을 붓고 잠깐 기다린 후 라면을 비비기 위해 그 물을 따르다가 물과 함께 건더기가 떠내려가거나, 때로는 면사리가 통째로 흘러내린 경험 정도는 다들 있죠? 편의점을 많이 이용하는 많은 아이들은 무용담을 펼치듯 자신의 경험을 말합니다.

학생 1   "물을 버릴 때 면도 같이 나오거나 건더기가 물과 같이 떠내려가서 불편해요."

학생 2   "뜨거운 물을 버리다가 손을 데일 수 있어요."

교사   "여러분이 말한 내용은 어디에 해당할까?"

학생들   "문제상황이요."

학생들이 문제상황을 확인한 후 뚜껑에 구멍을 낼 수 있는 컵라면을 주었습니다. 그리고 문제상황을 개선한 것이 무엇인지 찾아보고, 그렇게 개선하면 좋아지는 점은 무엇인지 '제안하는 내용'과 '제안하는 까닭'에 각각 써보라고 했습니다.

지적 위치 확인하기

학습이 끝났으면 이번에도 즉시 자신의 지적 위치를 확인하게 합니다. 어제보다는 모르겠다는 학생이 많이 줄었으며 '안다'에서 '쓸 수 있다'로 옮긴 학생도 눈에 띕니다.

제안하는 글쓰기		
쓸 수 있다	안다	모른다
18, 19, 20, 15, 16, 17, 4, 5, 6, 7, 8, 9, 10	11, 12, 13, 14	1, 2, 3

지식 처방 – 중재반응모형 적용하기

'모른다'에 체크한 1, 2, 3번 학생들을 대상으로 중재반응모형을 실시합니다. 1, 2, 3번 학생은 교실 한쪽으로 나오게 하여 '제안하는 글'을 어떻게 쓰는지 가르칩니다. 이때 다른 학생에게는 모둠별로 전 시간에 발견한 '문제상황' 중 오늘 특별히 더 가서 관찰할 곳을 의논하라고 했습니다. 이렇게 하면 원래 해당 학년 수준의 학생이 활동하는 동안 해당 학년 수준에 도달하지 못한 학생을 가르칠 수 있는 시간과 공간을 확보할 수 있습니다.

중재 활동이 끝나면 '모른다'에 있는 번호를 '안다'나 '쓸 수 있다'로 옮기게 하여 자신의 지적 위치가 바뀌었다는 점과 지식을 얻었다는 점을 학생이 직접 눈으로 확인하게 합니다. 학생이나 교사나 정말 보람있는 순간입니다.

제안하는 글쓰기		
쓸 수 있다	안다	모른다
18, 19, 20, 15, 16, 17, 4, 5, 6, 7, 8, 9, 10	11, 12, 13, 14, 1, 2, 3	

배운 것을 활용한다는 믿음을 주어라

학생들의 중재가 모두 끝나면 다시 학교의 문제를 확인하고 개선점을 찾기 위한 '현장 근무'를 하게 하여 배운 것을 활용한다는 믿음을 줍니다.

완전학습 셋째 날: 자주하고 반복하라 - 한 줄 서기

자주하고 반복하라

어느덧 지식을 가르치는 3일째가 되었습니다. 오늘도 지식에 대한 학습은 계속됩니다. 이번에는 '한 줄 서기'입니다. 이번 시간은 지난 시간과는 조금 다릅니다. 이번 시간에는 컵라면이나 참치캔 같은 구체적인 학습준비물이 없습니다. 학생에게 한 줄 서기에 관한 사진자료만 제시하고 '문제상황, 제안하는 내용, 제안하는 까닭'을 모둠끼리 의논하고 쓰라고 합니다. 3, 4일 차 정도 되면 왜 자주하고 반복해야 하는지 그 이유를 알 수 있습니다. 학생들은 이제 별 어려움 없이 빠르게 찾아 씁니다. 자주하고 반복한 덕분에 지식을 완전히 익힐 수 있게 되었습니다.

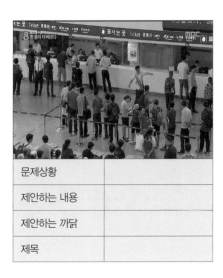

문제상황	
제안하는 내용	
제안하는 까닭	
제목	

지식 확인하기

지식을 확인하기 위해 '한 줄 서기'에 관한 뉴스를 들려주었습니다.

"물건을 살 때나 화장실을 이용할 때 머피의 법칙처럼 내 옆의 줄이 더 빨리 줄어드는 것 같습니다."	"앞에 한 사람밖에 없어 줄을 섰는데 옆줄에선 하나, 둘, 셋, 네 명이 빠질 때까지 감감무소식..."

"각 줄 서기는 이른바 복불복입니다."	"서울역 · 인천공항에서도 한 줄 서기를 도입했습니다."

"따로 줄을 서는 것보다 과연 한 줄 서기가 빠른지 실험을 해보았습니다. (중략) 각 줄 서기를 어떻게 배열하더라도 한 줄 서기보다 수학적으로 효율이 떨어집니다."

지적 위치 확인하기

마지막으로 지적 위치를 확인하게 합니다. '모른다'는 학생이 없으면 완전학습을 달성한 것이고, 만약 '모른다'는 학생이 있으면 다시 중재반응모형을 활용하면 됩니다. 또 교사가 직접 다니면서 학습 결과를 확인하여 학생의 지식 습득 정도를 확인합니다. 혹시 거짓으로 체크한 경우도 있을 수 있으니 구체적인 학습 정도를 확인하기 위해 개별 학습지를 체크합니다. 이때 역시 학생의 지식 상태를 확인하는 것이 목적이며, 성적을 매기는 것이 아니라는 점을 강조합니다. 만약 부족한 학생이 나오면 피드백을 주거나 보다 적극적으로 중재활동을 할 수 있습니다.

제안하는 글쓰기		
쓸 수 있다	안다	모른다
18, 19, 20, 15, 16, 17, 5, 6, 7, 8, 9, 10, 13, 14, 1, 2, 3	11, 12	

배운 것을 활용한다는 믿음 주기

다시 주어진 프로젝트를 수행합니다.

완전학습 넷째 날: 마침내 완전학습의 꿈을 이룩하다
- 생활 속 문제상황 직접 찾기

자주하고 반복하라

완전학습 마지막 날입니다. 이번 시간에는 빈칸만 있는 활동지를 주고 모둠에서 직접 찾아서 쓰라고 합니다. 학생들은 그동안 반복했기 때문에 모둠별로 토의하여 생활 속에서 많은 것을 찾아냅니다. 뚜껑을 일부러 열기 어렵게 만든 약병 뚜껑 등 생활 속에서 확인할 수 있는 많은 내용을 찾았습니다.

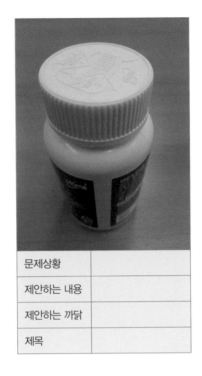

문제상황	
제안하는 내용	
제안하는 까닭	
제목	

지적 위치 확인하기

활동이 끝나면 마지막으로 다시 한번 자신의 지적 위치를 확인합니다. 이렇게 하여 마침내 완전학습의 꿈을 이룩했습니다.

제안하는 글쓰기		
쓸 수 있다	안다	모른다
18, 19, 20, 15, 16, 17, 5, 6, 7, 8, 9, 10, 13, 14, 1, 2, 3, 11, 12		

배운 것을 활용한다는 믿음 주기

다시 주어진 프로젝트를 진행하여 지식으로 배운 내용을 활용하여 실제 생활에서 쓸 수 있도록 합니다.

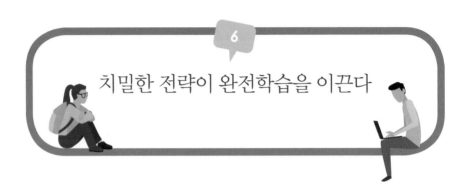

치밀한 전략이 완전학습을 이끈다

완전학습을 위해서는 구체적이고 치밀한 전략이 필요합니다. 그만큼 교사의 수업 기획력이 필요하다는 말이기도 합니다. 앞에서 했던 프로젝트 수업에는 어떤 전략이 숨어 있었을까요? 사진이나 동영상 등 학습자료를 제공할 때도 전략이 있습니다.

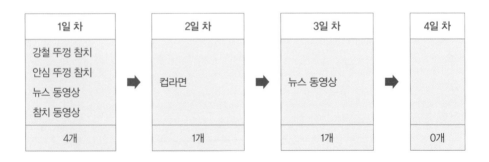

1일 차	2일 차	3일 차	4일 차
강철 뚜껑 참치 안심 뚜껑 참치 뉴스 동영상 참치 동영상	컵라면	뉴스 동영상	
4개	1개	1개	0개

1일 차에 학습자료를 제공할 때는 구체적인 물건 2개와 동영상 자료 2개를 보여주었습니다. 그러나 다음 날에는 구체적인 물건이 '컵라면' 1개로 줄어들고, 3일

차에는 구체적인 물건 없이 '한 줄 서기'라는 주제만 제시하고 동영상으로 확인하는 정도로 그쳤습니다. 마지막 날에는 구체적인 물건이나 동영상 파일이 없는 것은 물론이고, 주제 역시 자유롭게 생각하도록 기획되었습니다.

그리고 이 수업은 처음에는 교사가 수업을 주도해 나가지만 시간이 지날수록 학생이 주도하게 됩니다. 저는 이런 현상을 저의 책 『교육과정 문해력, 배움을 디자인하다』에서 다음과 같은 그래프로 표현해보았습니다.

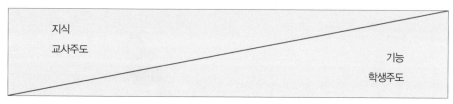

출처: 『교육과정 문해력, 배움을 디자인하다』, 최무연

또, 이 수업은 학습의 과정을 모두 기록하게 하여 전 시간에 한 내용을 확인합니다. 혹시 완전학습을 처음 시작할 때 학생들에게 나누어 준 개별 활동지(C2, E1, G1 제안하는 글쓰기)를 기억하나요? 처음 제시한 개별 활동지를 보면 학생들의 활동을 날짜별로 기록하게 되어 있습니다. 이처럼 지식을 학습하는 과정도 과정별로 기록하게 해야 합니다. 그래야 피드백도 줄 수 있고, 과정중심평가도 할 수 있고, 성장중심평가도 할 수 있습니다.

8부

교사의 전문성을 완성하는
학생중심수업 솔루션

1

성취기준을 분석하고
수업을 설계하다

8부에서는 지금까지 논의한 것을 바탕으로 교육과정-수업-평가로 이루어지는 온전한 수업을 완성해보겠습니다. 지금까지 흩어져 있던 지식을 모아 퍼즐을 맞추는 시간입니다.

이 수업은 '교장 선생님, 제안할 게 있어요'라는 프로젝트 수업입니다. 앞에서 소개했던 수업을 다시 소개하는 이유는 학생중심수업을 위한 각각의 요소가 어떻게 하나의 완성된 수업으로 탄생하는지를 확인하기 위해서입니다.

수업 기본 정보

성취기준	[4국03-03] 관심 있는 주제에 대해 자신의 의견이 드러나게 글을 쓴다.

학년: 4학년

과목: 국어

관련단원: 8. 이런 제안 어때요

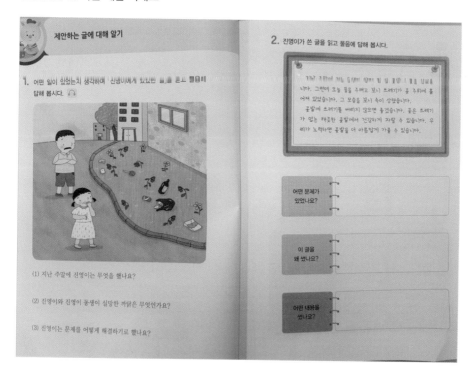

성취기준을 분석한 후 프로젝트 수업 설계하기

성취기준을 분석하여 프로젝트 수업을 설계하기 위해 3부 5장의 '교육과정 성취기준이 프로젝트 수업이 되는 5가지 법칙'을 사용했습니다. (출처: 『교육과정 문해력, 배움을 디자인하다』, 최무연)

성취기준을 분석하여 프로젝트 수업을 설계하는 5가지 법칙

1단계: 성취기준을 분석해서 지식과 기능으로 분리하라.

2단계: 지식에서 학습요소를 찾아라.

3단계: 지식을 활용해서 기능을 익혀라.

4단계: 과제를 수행하고 결과물을 만들어라.

5단계: 결과물을 발표할 방법을 찾아라.

1단계: 성취기준을 분석해서 지식과 기능으로 분리하라.

성취기준은 학생들이 알아야 할 '지식'과 할 수 있어야 할 '기능'으로 나눌 수 있습니다. 이때 지식은 '명사(형)', 기능은 '동사'로 표현됩니다.

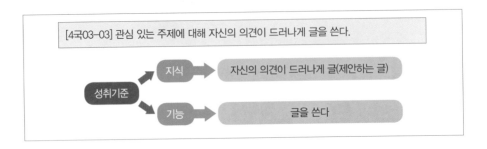

2단계: 지식에서 학습요소를 찾아라.

지식에서 학습요소를 찾는 단계입니다. 학습요소는 교사가 가르쳐야 할 구체적인 내용으로, 프로젝트를 수행하기 위해 학습자가 반드시 알아야 할 요소입니다. 여기서는 '관심 있는 주제에 대해 자신의 의견이 드러나는 글'을 구체적으로 어떻게 쓰는지가 '학습요소'가 될 것입니다. 학습요소는 교사용 지도서나 교과서,

성취기준 원본을 살펴보면 바로 알 수 있습니다.

3단계: 지식을 활용해서 기능을 익혀라.

학생들이 제안하는 글을 쓰기 위해서는 지식을 알고, 이것을 익혀야 합니다. 아무리 책으로 '요리법'을 알았다고 하더라도 직접 자기 손으로 해보며 배우지 않으면 아무 소용이 없겠지요. 특히 프로젝트 수업은 지식을 아는 것보다, 그 지식을 활용하여 결과물을 만드는 데 더 큰 가치를 두고 있습니다. 결국 '제안하는 글'을 쓰는 방법을 지식으로 아는 것보다는 이 지식을 활용해서 직접 '제안하는 글'을 써보는 것이 중요하지요. 따라서 '제안하는 글'을 쓰는 방법(지식)을 알고 연습해보는 것(기능)이 필요합니다.

4단계: 과제를 수행하고, 결과물을 만들어라.

프로젝트 수업은 누가 뭐라고 해도 '결과물'이 중요합니다. 따라서 학생들이 앞에서 익힌 지식과 기능을 활용하여 직접 프로젝트(과제)를 수행한 후 결과물을 만들어야 합니다. 이 경우 결과물은 '제안하는 글'이 됩니다.

5단계: 결과물을 발표할 방법을 찾아라.

프로젝트 수업에서는 결과물과 함께 이 결과물을 어떻게 발표할 것인가도 굉장히 중요합니다. 결과물 발표는 '제안하는 대상'이 누구냐에 따라 달라질 것입니다. 이 수업에서는 교장 선생님을 대상으로 직접 제안하는 설명회를 할 예정입니다.

이상의 설계 과정을 정리하면 다음과 같습니다.

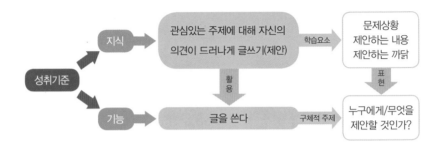

2

프로젝트 수업설계를 위한
체크포인트

프로젝트 수업을 처음 만나면 무엇을 어떻게 해야 할지 몰라 당황할 때가 있습니다. 이럴 때는 당황하지 말고 먼저 다음과 같은 사항을 결정하면 됩니다.

프로젝트 수업을 만나면 당황하지 말고, 다음 사항을 결정해주세요!

처음 결정할 사항
지식을 어떻게 활용하게 할까?
실생활과 어떻게 연결할까?
프로젝트명(주제)
일반 청중
탐구질문
학습결과물(개인/집단)
발표방법
팀 구성하기(동질적/이질적)
개인별 역할 부여(책무성)

서로 입체적이고 유기적으로
연결되어 있음

고려할 사항이 너무 많다고요? 물론 하나하나 보면 많은 것처럼 보이지만, 프로젝트 수업에서는 각 구성요소들이 서로 유기적으로 연결되어 어느 하나에서 아이디어가 나오면 다음으로 자연스럽게 연결됩니다.

위의 경우를 예로 들어볼까요? 저는 일반 청중을 '교장 선생님'으로 정했습니다. 일반 청중이 '교장 선생님'이면 주제는 자연스럽게 '학교 문제'에 대한 것이겠지요? 주제가 정해지면 탐구질문도 생각날 것입니다. 다음 내용은 이 프로젝트를 진행하기 위해 떠오른 생각을 정리한 것입니다.

프로젝트명(주제) → 학교 문제
탐구질문 → 우리가 어떻게 하면 학교 문제에 대해 제안하는 글을 쓸 수 있을까?
학습결과물 → 학교 문제에 대한 제안하는 글
발표방법 → 교장 선생님께 제안하는 설명회
팀 구성 → 제안하는 설명회 자료 제작과 발표를 위한 이질적인 팀 구성
개인별 역할(책무성) 부여 → 제안하는 자료를 만들기 위한 역할

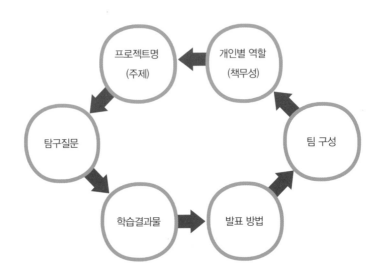

프로젝트 수업설계도에
수업을 설계하다

성취기준을 분석한 내용과 프로젝트 수업의 구성요소를 활용하여 이제 프로젝트 수업을 설계합니다.

프로젝트명(주제)

프로젝트명은 간단하면서도 주제를 잘 나타내는 구체적인 것으로 하는 것이 좋습니다. 이 수업은 일반 청중이 교장 선생님이기 때문에 교장 선생님께 제안하는 내용으로 '교장 선생님, 제안할 게 있어요'로 정했습니다.

탐구질문

탐구질문은 프로젝트명과 일반 청중, 그리고 프로젝트 목적을 담아서 '우리가 학교생활 개선 제안자가 되어 학교의 여러 문제를 해결하기 위해 교장 선생님께 제안하는 글을 쓰려면 어떻게 해야 할까?'라고 정했습니다.

학습결과물

학습결과물은 교장 선생님께 제안하는 프레젠테이션 자료로, 발표방법은 교장 선생님께 직접 제안하는 '제안 설명회'로 결정했습니다. 학습결과물을 정할 때는 수행평가의 편의를 위해 개인과 집단으로 나눕니다. 프로젝트 수업은 기본적으로 팀별로 과제를 수행하기 때문에 집단이 만든 결과물이 나옵니다. 그러나 집단 결과물만으로는 개인 평가에 어려움이 있습니다. 따라서 설계 단계에서부터 개인 결과물과 집단 결과물로 나누어 설계하는 작업이 필요합니다.

이상의 내용을 정리하면 다음과 같은 프로젝트 수업설계도가 완성됩니다.

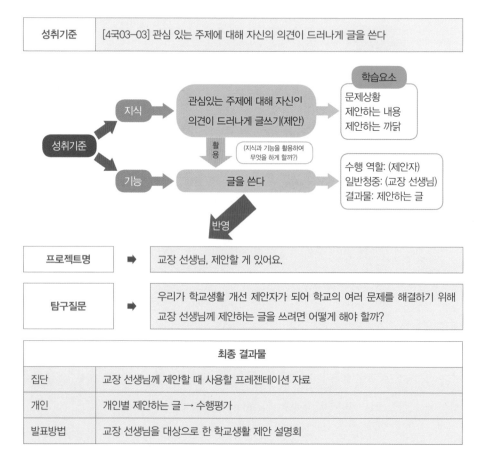

성취기준	[4국03-03] 관심 있는 주제에 대해 자신의 의견이 드러나게 글을 쓴다

프로젝트명	➡	교장 선생님, 제안할 게 있어요.
탐구질문	➡	우리가 학교생활 개선 제안자가 되어 학교의 여러 문제를 해결하기 위해 교장 선생님께 제안하는 글을 쓰려면 어떻게 해야 할까?

최종 결과물	
집단	교장 선생님께 제안할 때 사용할 프레젠테이션 자료
개인	개인별 제안하는 글 → 수행평가
발표방법	교장 선생님을 대상으로 한 학교생활 제안 설명회

교육과정 매핑으로
교육과정-수업-평가를 완성하다

대강의 설계도가 완성되면 이를 바탕으로 구체적인 계획을 교육과정 매핑으로 작성합니다. 이 수업의 교육과정 매핑은 5부 4장에 있으니 참고하세요. 교육과정 매핑은 교사와 학생이 모두 공유합니다. 주간학습계획서를 학생들에게 나누어 주는 것처럼 교육과정 매핑도 학생들에게 나누어 줄 필요가 있습니다. 프로젝트 수업 첫 시간에는 학생과 교육과정 매핑을 보면서 수업의 모든 것을 공유합니다. 마지막으로 교육과정 매핑 1부를 칠판에 게시하고, 수업이 끝나면 사선을 그어 쉽게 수업 진도를 확인할 수 있도록 합니다.

5

칠판을 보면
교육과정-수업-평가가 모두 보인다

프로젝트 수업의 칠판은 어떤 모습일까요? 프로젝트 수업의 칠판은 수업의 각 요소가 유기적으로 연결되게 구성합니다. 프로젝트 수업을 하는 칠판의 구성요소는 다음과 같습니다.

[프로젝트 칠판의 구성요소]
프로젝트명
탐구질문
개념게시판
최종 결과물
교육과정 매핑

그럼, 앞에서 설계한 프로젝트 수업의 칠판을 한 번 살펴볼까요?

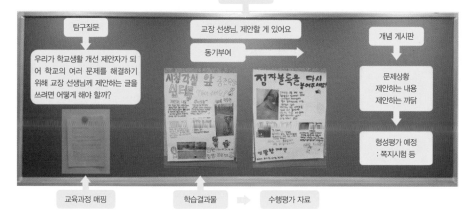

칠판을 보면 프로젝트 수업이 한눈에 들어옵니다. 프로젝트 수업을 구성하고 있는 요소들 즉, 프로젝트명(주제)과 탐구질문, 개념게시판(지식), 학습결과물이 유기적으로 연결되어 있으며 서로 영향을 주고받는다는 것을 알 수 있습니다.

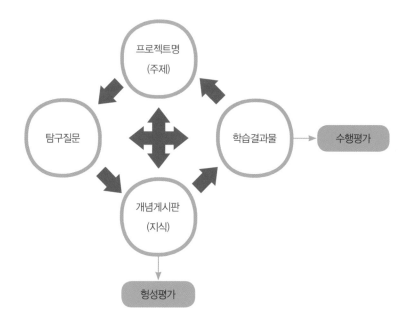

칠판 가운데에는 '프로젝트명(주제)'이 자리 잡고, 칠판 왼쪽에는 프로젝트 주제를 해결하기 위한 '탐구질문'이 있습니다. '탐구질문'의 반대편에는 프로젝트 수업에 필요한 지식을 기록한 '개념게시판'이 있습니다. 개념게시판에 있는 지식은 학생들이 알아야 할 내용이라 '형성평가'를 실시한다고 미리 안내합니다. 학생들은 프로젝트 주제와 탐구질문, 지식 등을 활용하여 학습결과물을 만듭니다. 이 학습결과물은 칠판 가운데에 전시하며, 수행평가 자료로 활용됩니다. 탐구질문 밑에는 교육과정 매핑을 게시해 언제나 확인할 수 있도록 했습니다. 이처럼 프로젝트 수업의 칠판에는 교육과정-수업-평가가 모두 모여 있습니다.

[프로젝트 수업 1일 차]

교사와 학생,
수업을 공유하고 고민하다

도입활동 & 탐구질문	▶	지식과 기능(기술) 쌓기	▶	결과물 개발하고 수정하기	▶	결과물 발표하기
1일 차: 80분(1–2차시)						

우리(교사/학생)가 해야 할 일

프로젝트명(주제) 발표

탐구질문하기 – 학생과 수업을 공유하고 고민하기

동기부여하기 – 일반 청중, 현장 방문, 예시작품

지식 공유 – 개념 게시판

지적 위치 확인하기 – KWL 차트

팀 구성하기 및 역할 정하기

교육과정 공유 – 성취기준, 평가기준 공유

평가 공유 – 최종 결과물: 수행평가 내용, 채점기준표

수업 공유 – 활동 계획서, 학습 계약서

도입활동 & 탐구질문의 목적 1 - 학생과 수업을 공유하고 고민하기

이 단계의 가장 큰 목적은 학생들과 프로젝트를 공유하고 고민하는 것입니다. 많은 선생님들이 '도입활동 & 탐구질문'이라고 하면 먼저 동기유발을 떠올리고 동기유발 자료를 찾기 위해 많은 노력을 기울입니다. 그러나 이 시간은 인위적인 동기유발이 아니라 프로젝트 수업의 교육과정-수업-평가를 학생들과 공유하면서 어떻게 하면 '프로젝트'를 성공시킬 수 있을지를 함께 고민하는 시간입니다.

교육과정-수업-평가까지의 전 과정을 공유하고 학생을 수업 파트너로 끌어들입니다!

학생과 공유하라! →	'교육과정'도 공유하는 것
	'수업'도 공유하는 것
	'평가'도 공유하는 것

그러면 학생들은 프로젝트의 성공을 위해 무엇을 해야 할지 고민할 것입니다.

학생에게 고민하게 하라! →	아는 것은 무엇이고(지식),
	프로젝트를 위해 알아야 하는 것은 무엇이고(지식),
	잘하는 것은 무엇이고(기능),
	해야 하는 것은 무엇이고(최종 결과물),
	좋은 점수는 어떻게 해야 받을 수 있을까?(평가)

도입활동 & 탐구질문의 목적 2 - 동기부여하기

두 번째 목적은 프로젝트가 할 만하고(기대), 가치 있는 일이라는 점을 심어 동기를 부여하는 것입니다.

동기부여	➡	기대와 가치

동기부여 방법 1: 일반 청중

프로젝트 수업에서 일반 청중의 역할은 생각하는 것보다 훨씬 큽니다. 저도 처음에 '일반 청중'에 대해 접했을 때, '에이, 뭐 그렇게까지 할 필요가 있을까?'라고 생각했습니다. 그러나 실제로 '일반 청중'을 넣었더니 수업의 모습이 확연히 달라지는 것을 느꼈습니다.

일반 청중의 효과 (1)

프로젝트 수업에서 '일반 청중'은 현실을 수업으로 끌어들여 '진짜 수업'으로 만듭니다. 이 수업의 주제는 〈교장 선생님, 제안할 게 있어요〉라는 제목에서 알 수 있듯이 교장 선생님께 제안하는 내용입니다. 교장 선생님이 오셔서 학생들에게 직접 프로젝트 미션을 제시해준다면 이 수업은 현실에서 살아 있는 수업이 되겠지요. 일반 청중은 '지식'을 '상황'으로 바꾸어주는 데 결정적인 역할을 합니다. 실제로 이 수업을 할 때 교장 선생님이 일반 청중으로 오셔서 다음과 같이 말씀해주셨습니다.

"교장 선생님이 여러분에게 한 가지 부탁을 하려고 해요. 여러분이 학교생활을 하면서 문제가 있었던 곳이라거나 또는 위험한 곳, 고쳐야 할 곳 등을 본 적이 있을 겁니다. 친구들과 이런 곳을 찾아서 어떻게 바꾸고, 어떻게 고쳤으면 좋을지 방안을 연구해서 교장 선생님한테 이야기해주면 좋을 것 같아요. 그러면 여러분들이 학교생활을 즐겁게 할 수 있도록 교장 선생님이 선생님들과 협의해서 고쳐줄 것은 고쳐주고, 바꿀 것은 바꿀 수 있도록 해보겠습니다. 학교에 관심을 가지고 친구들과 서로 협의해서 좋은 아이디어를 제안해줬으면 좋겠습니다."

일반 청중: 학생들에게 탐구질문을 말씀해주시는 류재화 교장 선생님

일반 청중의 효과 ②

　　프로젝트 수업에서 일반 청중은 프로젝트에 의미와 가치를 부여합니다. 프로젝트 수업을 하다 보면 종종 학생들이 "선생님, 이거 왜 해요?"나 "선생님, 그거 진짜 해요?"라는 말을 합니다. 그러나 일반 청중이 있다면 더 이상 이런 말은 하지 않겠지요. 일반 청중으로 교장 선생님이 오셨기 때문에 학생들은 더 이상 수업을 의심하지 않을 것입니다. 또한 학생들은 자신들이 해야 할 목표가 생겼으며, 해야 할 이유와 하고자 하는 기대와 가치를 부여받게 됩니다. 일반 청중은 프로젝트 수업의 현실성과 현장성을 높이는 최상의 방법이 될 수 있습니다. 만약 이 수업에서 '교장 선생님'이 안 계셨더라면 어땠을까요?

[동기부여 방법 2: 주제와 관련된 현장 방문]

　학생들이 직접 주제와 관련된 예시작품이나 현장을 찾아보는 것도 좋은 동기부여가 됩니다.

　이 수업에서도 실제로 변화된 현장을 찾아갔습니다. 우리 학교는 신설이라 아직 용도를 정하지 않은 빈 공간들이 있는데, 그중 비어 있는 복도에 학생들이 책도 읽고 쉴 수도 있는 쉼터를 마련했습니다. 이 기회를 놓치지 않고 저는 학생들을 데리고 바뀐 현장을 방문했고, 아직 공사가 덜 끝난 현장에서 학생들에게 이렇게 강조했습니다.

　"이곳은 작년에 여러분의 선배들이 교장 선생님께 '쉼터'를 만들어달라고 제안하고, 교장 선생님이 그 제안을 받아들여서 완성한 곳이야. 여러분도 좋은 제안을 하면 이렇게 학교를 좀 더 좋은 곳으로 바꿀 수 있겠지?"

변경 전　　　　　　　　　　　　　　　변경 후

현장 방문: 선배들이 제안하여 변화된 현장을 직접 둘러보는 학생들

이 수업에서 이것만큼 좋은 동기부여가 또 있을까요? 변화된 현장을 직접 눈으로 확인한 학생들에게 이 프로젝트는 이제 단순한 수업이 아니라, 학교를 변화시키기 위해 해볼 만한 '가치' 있는 일이고, 변화된 학교의 모습을 '기대'할 수 있는 진짜 프로젝트가 되었습니다.

프로젝트 수업은 인위적인 동기유발이 아니라 이렇게 학생들에게 해야 할 가치와 결과에 대한 기대감을 주는 자연스러운 동기부여가 중요합니다. 따라서 프로젝트 수업을 구상할 때는 학생들에게 동기를 부여할 수 있는 방법을 찾아 정교하게 구조화할 필요가 있습니다.

지식 공유 - 개념 게시판

도입활동 & 탐구질문에서는 학생들과 지식을 공유하는 것도 중요한 과정입니다. 이 수업에서도 교장 선생님께 제안하기 위해 알아야 할 지식을 '개념 게시판'에 적고 한쪽에 게시했습니다. 이 개념 게시판은 이제 수업이 끝날 때까지 게시될 것입니다. 학생들이 제안하는 글을 쓸 때 참고하기도 하고, 갑자기 생각이 나지 않을 때는 칠판 앞으로 나와서 읽어도 보겠지요. 개념 게시판을 운영하면 학생들은 지금 현재 수업에 필요한 지식이 무엇인지 한눈에 확인할 수 있어 매우 효과적입니다.

출발점에서 학생의 지식 수준을 점검하려면 KWL 차트를 사용합니다. 지식을 학습하는 과정은 7부 '완전학습'에서 자세히 설명했으니 여기에서는 순서만 간략하게 언급하겠습니다.

개념 게시판의 예

제안하는 글쓰기

1. 제안하는 글은 문제상황, 제안하는 내용, 제안하는 까닭, 제목이 있어야 해요.

2. 누구에게 제안하는지가 잘 나타나야 해요.

3. 문제상황을 정해야 해요.

4. 문제상황을 해결하기 위한 적절한 제안을 제시해야 해요.

5. 제시한 제안을 실천할 수 있어야 해요.

6. 제안한 내용에 대한 타당한 까닭이 들어있어야 해요.

지적 위치 확인하기 – KWL 차트

팀 구성하기 및 역할 정하기

자신이 이 프로젝트를 하기 위해서 잘하는 것은 무엇이고, 해야 할 역할이 무엇인지 생각해보고 나의 역할을 결정하는 시간입니다. 프로젝트 주제에 따라 동질적이거나 이질적인 팀을 구성한 후 각 구성원의 역할을 정해 책무성을 부여합니다. 자세한 방법은 6부 '협동학습'에서 자세히 설명했으니 참고하세요. 이 수업에서는 다음과 같이 이질적으로 팀을 구성했습니다.

팀장별	이름
발표 팀장	
자료수집 팀장(사진이나 동영상 촬영자)	
문제발견 팀장	
총괄도움 팀장	

교육과정 공유 - 성취기준, 평가기준

기준참조형 교육을 하기 때문에 성취할 것이 무엇이고, 어떤 기준으로 평가를 할지를 학생에게 제시하여 교육과정-수업-평가를 공유합니다.

교육과정 성취기준		평가기준
[4국03-03] 관심 있는 주제에 대해 자신의 의견이 드러나게 글을 쓴다.	상	관심 있는 대상이나 사실에 대해 주장을 명확하게 제시하고, 타당한 근거가 다양하게 드러나도록 글을 쓸 수 있다.
	중	관심 있는 대상이나 사실에 대해 주장을 제시하고, 타당한 근거가 드러나도록 글을 쓸 수 있다.
	하	관심 있는 대상이나 사실에 대해 주장을 제시하고, 부분적으로 타당한 근거가 드러나도록 글을 쓸 수 있다.

평가 공유 - 최종 결과물 및 수행평가 제시, 채점기준표

학생이 최종적으로 만들어야 할 학습결과물을 개인과 집단으로 나누어 안내합니다. 특히 개인 결과물은 수행평가로 사용한다는 점을 강조합니다. 채점기준표를 미리 제시하고, 제안하는 글쓰기를 할 때는 먼저 채점기준표를 읽어보고 기준에 맞게 작성해야 한다고도 설명합니다.

최종 결과물	
집단	교장 선생님께 제안할 때 사용할 프레젠테이션 자료
개인	개인별 제안하는 글 – 수행평가
발표 방법	교장 선생님 앞에서 하는 학교생활 제안 설명회

채점기준표

제안하는 글쓰기	
매우 잘함	관심 있는 대상이나 사실을 적절하게 선정했으며, 문제상황을 명확하게 파악하고, 제안하는 내용이 구체적이며, 제안하는 까닭이 다양하게 잘 드러나 있다.
잘함	관심 있는 대상이나 사실을 선정했으며, 문제상황을 파악하고, 제안하는 내용이 구체적이며, 제안하는 까닭이 드러나 있다.
향상 필요	관심 있는 대상이나 사실을 선정하고, 문제상황을 파악했으나, 제안하는 내용이 구체적이지 않고, 제안하는 까닭이 잘 드러나지 않았다.

수업 공유 - 활동 계획서 쓰기

프로젝트를 실행하기 위한 팀이 구성되고, 교육과정-수업-평가가 충분히 공유되었으면 이제 이 프로젝트를 어떻게 수행할지 모둠끼리 계획을 세우는 시간을 갖습니다. 학생들에게 프로젝트를 계획할 수 있도록 '활동 계획서' 양식을 제공했습니다.

활동 계획서 - 프로젝트 실행 계획하기

(B4) 프로젝트 팀 활동 계획				
프로젝트 이름				
팀원				
프로젝트 결과물			기한 :	
해야 할 것은 무엇인가?	누가 이 부분을 맡는가?		기한은 언제까지인가?	완성유무
				☐
				☐
				☐

출처: 「프로젝트 학습: 초등교사를 위한 안내」, Sara Hallermann 외

모둠별로 프로젝트 활동을 계획하는 학생들

수업 공유 - 학습 계약서 쓰기

도입활동 & 탐구질문의 마지막 활동은 '프로젝트 팀 계약서'를 쓰는 것입니다. 학생들과 프로젝트 수업을 위한 준비가 모두 끝났으면 이제 이 활동을 잘 이행하

겠다는 것을 약속하는 시간입니다. 따라서 계약서를 쓴다는 것은 모든 계획이 잘 진행되었다는 것을 의미합니다. 학습 계약서를 쓰기 전에 혹시 바꿀 것이 있는지 다시 한번 점검하도록 합니다. 만약 모둠을 바꾸는 것과 같이 바꿀 것이 있다면 계약서를 쓰기 전에 바꾸라고 안내합니다. 계약서는 모든 것이 완성되었을 때 쓰는 것으로 계약서를 쓴 이후에는 더 이상 변경할 수 없다는 점을 학생들에게 안내하여 계약서의 무게와 중요성을 알려줍니다.

프로젝트 수업 학습 계약서의 예

* 수업 내용에 따라 계약서는 자유롭게 변경하여 사용할 수 있습니다.

(B5) 프로젝트 팀 계약서	
프로젝트 이름	
팀이름	

우리의 약속

√ 우리는 모두 존중하는 마음으로 서로의 아이디어를 경청합니다.

√ 우리는 모두 최선을 다하여 활동할 것을 약속합니다.

√ 우리는 모두 필요할 경우 도움을 요청할 것을 약속합니다.

√ 우리는 모두 _____을(를) 약속합니다.

날짜: _____

팀원 서명:

_____ _____

_____ _____

출처: 「프로젝트 학습: 초등교사를 위한 안내」, Sara Hallermann 외

많은 선생님들께서 '학습 계약서'를 쓴다고 하면 "뭘 계약서까지 쓰고 그러나?", "꼭 그렇게까지 해야 하나?"라며 회의적인 반응을 보입니다. 사실 저 역시 그렇게 생각했습니다. 그러나 실제로 계약서를 작성해보세요. 계약서를 작성하는

수업과 그렇지 않은 수업은 정말 다릅니다. 학생들은 계약서를 작성하면서 현실감
과 책무성을 느낍니다. 특히 이 수업은 교장 선생님의 미션을 수행하는 것입니다.
따라서 이 계약의 주체는 바로 교장 선생님이 되는 것입니다. 계약서를 쓰기 전에
학생들에게 "여러분은 교장 선생님과 계약을 하는 것"이라고 말했더니 학생들은
마치 어른이 된 것처럼 계약서를 쓰고 서명도 했습니다.

학습 계약서 작성 후 선서하고 기념사진 한 컷!

  학습 계약서까지 쓰면 프로젝트 수업의 도입활동 & 탐구질문 활동이 모두 끝
납니다. 이 시간은 수업의 전반적인 것을 공유하고 조망하고, 계획하는 시간입니
다. 충분한 시간을 가지고 학생들과 수업을 공유할 필요가 있습니다. 도입활동 &
탐구질문 시간에는 특별히 배운 것은 없지만 어쩌면 프로젝트 수업에서 가장 중요
한 시간이라고 말할 수 있습니다.

[프로젝트 수업 2일 차]

프로젝트 수업의
기반을 마련하다

도입활동 & 탐구질문	▶	지식과 기능(기술) 쌓기	▶	결과물 개발하고 수정하기	▶	결과물 발표하기
1일 차: 80분(1-2차시)		2일 차: 80분(3-4차시)				

우리(교사/학생)가 해야 할 일

지식 쌓기

- 제안하는 글 쓰는 방법 알기(참치캔)
- 지적 위치 확인하기(KWL 차트)

기능 쌓기

- 학교 현장을 방문하여 문제상황 찾기, 자료수집
- 개인 활동 보고서 쓰기

프로젝트 수업의 두 번째 단계는 탐구질문에 답하는 '지식과 기능(기술) 쌓기' 단계입니다. 도입활동 & 탐구질문 시간을 통해 학생들과 프로젝트 수업을 충분히 공유하고 고민했다면, 이번에는 프로젝트를 수행하기 위해 필요한 지식과 기능을 쌓는 시간입니다. 이 단계에서 해야 할 일을 한 문장으로 표현한다면 다음과 같습니다.

'프로젝트를 수행하기 위해 필요한 지식은 무엇이고, 기능을 익히기 위해서는 어떤 활동(학습)을 해야 할까?'

지식 쌓기 – 제안하는 글 쓰는 방법 알기

프로젝트 수업의 시작은 지식과 기능 쌓기입니다. 지식은 학생들이 프로젝트를 수행하기 위한 기반이라 프로젝트 수업에서 역시 매우 중요합니다. 이 수업에서 사용한 지식 쌓기는 7부 '완전학습'에서 자세히 알아보았으니 여기서는 수업의 흐름을 파악하기 위해 순서에 맞게 수업한 과정만 간단하게 제시하겠습니다.

참치캔으로 '문제상황, 제안하는 내용, 제안하는 까닭' 알기

지식 쌓기 - 지적 위치 확인하기(KWL 차트)

가르치고 자신의 지적 위치가 변화되는 것을 즉시 확인

기능 쌓기 - 학교 현장을 방문하여 문제상황 찾기, 자료수집

지식을 배웠으면 학생들에게 그것을 활용할 수 있는 기회를 주어야 합니다. 학생들은 학교의 문제상황을 찾기 위해 '현장 근무'를 했습니다. 이 과정을 통해 지식으로 배운 내용을 직접 활용한다는 점을 느끼게 됩니다. 학생들은 지식으로 배운 것을 현장에서 확인하는 과정을 통해 제안하는 글 쓰는 방법(기능)을 익히게 됩니다. 일종의 현장 실습을 하는 것이지요.

현장 근무: 학교 곳곳의 문제점을 찾아다니는 모습

기능 쌓기 – 개인 활동 보고서 쓰기

활동을 기록하고 쌓이게 하라

학생들의 활동은 모두 기록으로 남기게 합니다. 이때 기록한 내용은 다음 시간에 활용할 자료가 되어 수업 사이를 유기적으로 연결시킵니다. 이 수업의 경우 처음에는 학교의 문제상황이 있는 곳만 찾아보게 하고, 다음 시간에는 처음 자료를 참고하여 특별히 제안하고 싶은 곳을 선정하여 제안하는 내용을 찾아보게 하는 것이지요. 이렇게 수업을 배열하면 오늘의 수업이 다음 수업을 위한 준비 과정이라는 것을 학생들은 인식하게 됩니다.

저는 프로젝트 수업을 할 때면 학생들에게 꼭 노란 공무원용 파일을 줍니다. 학생들은 자신의 모든 활동을 노란 파일에 차근차근 끼워 넣으며 기록이 쌓이는 것을 눈으로 확인할 수 있어서 노란 파일을 볼 때마다 뿌듯해하지요. 또 노란 공무원 파일을 받으면 어른이 된 것 같고, 뭔가 진짜로 하는 것처럼 느낀다고 합니다.

노란 정부파일의 위력

노란 정부파일을 주는 또 하나의 이유가 있습니다. 파일에 보고서를 끼우려면 반드시 펀치로 구멍을 뚫어야 하는데, 초등학생들은 펀치로 구멍을 뚫는 일을 무척 좋아합니다. 그래서 펀치로 구멍을 뚫는 일은 학습에 잘 참여하지 않는 학생(약자 배려)을 시킵니다. 그러면 학생도 자신이 수업에 도움이 된다고 생각하게 됩니다. 프로젝트 수업은 현실성이 생명이라고 생각합니다. 비록 종이파일에 불과하지만 작은 것 하나라도 실제로 하는 것 같은 느낌을 받을 수 있도록 세심하게 수업을 관리할 필요가 있습니다.

노란 정부파일에 활동 양식에 따라 기록하고 있는 학생들

8

[프로젝트 수업 3일 차]

프로젝트 수업의
핵심 결과물을 개발하다

도입활동 & 탐구질문	▶	지식과 기능(기술) 쌓기	▶	결과물 개발하고 수정하기	▶	결과물 발표하기
1일 차: 80분(1-2차시)		2일 차: 80분(3-4차시)		3일 차: 80분(5-6차시)		

우리(교사/학생)가 해야 할 일

지식 쌓기 반복하기

− 완전학습, KWL 차트, 중재반응모형

결과물 개발하고 수정하기

− 현장 방문 및 구체적 결과물 제작 예상하기

− 개인 답사 보고서 작성하기

− 프레젠테이션 자료 만들기

TAPS로 수업 운영하기

지식 쌓기 반복하기 – 완전학습, KWL 차트, 중재반응모형

이번 단계는 결과물 개발하고 수정하기 단계입니다. 그러나 지식은 한 번 한다고 모두 아는 것이 아니라서 자주하고 반복해야 합니다. 따라서 이번 수업은 '결과물 개발하고 수정하기' 단계지만 수업은 지식 쌓기를 반복하는 것으로 시작합니다.

이 수업 내용은 7부 '완전학습'에서 실시한 '컵라면'을 통한 지식 쌓기에 자세히 설명되어 있으니 참고하세요. 두 번째 지식 쌓기에서는 중재반응모형을 본격적으로 적용하는 것이 중요합니다. KWL 차트로 학생을 분류하고, '모르는' 학생들을 따로 모아 '지식'을 가르칩니다. 학생이 지식을 알게 되면 원래 모둠으로 돌아가서 학습을 이어가도록 합니다.

컵라면으로 지식을 쌓고 있는 학생들

결과물 개발하고 수정하기
– 현장 방문 및 구체적 결과물 제작 예상하기

지식 쌓기 반복하기가 끝났다면 이제 본격적으로 '결과물 개발하고 수정하기'를 실시합니다. 전 차시에서 학교를 돌아다니면서 '문제상황'을 찾았다면, 이 시간은 그 자료를 바탕으로 교장 선생님께 제안할 내용을 선정하고, 결과물을 개발하기 위한 구체적인 활동을 하는 시간입니다.

점자블록이 떨어진 것을 발견

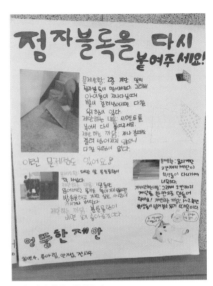

교장 선생님께 제안하기

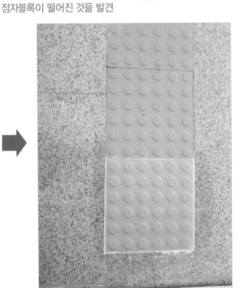

바로 공사하여 보수한 점자블록

– 개인 답사 보고서 작성하기

　　현장 답사 후 교실로 들어와서 개인 답사 보고서를 작성합니다. 이때는 개인 활동입니다.　프로젝트 수업은 집단 활동이지만 그 안에 이렇게 개인적으로 생각하는 시간을 마련해 학습을 스스로 정리해보는 시간을 갖습니다.

– 프레젠테이션 자료 만들기

교장 선생님께 발표할 자료를 만들기 시작합니다.

TAPS로 수업 운영하기

이 수업도 TAPS 전략으로 수업이 운영되고 있음을 알 수 있습니다. 수업이 시작되면 전체(T)적으로 가르치고, 모둠 활동(S)으로 현장을 방문하고, 혼자(A) 현장답사 보고서를 쓰고, 모둠 활동(S)으로 프레젠테이션 자료를 만드는 등 TAPS 전략에 따른 다양한 집단 구성과 수업 형태를 가지고 있습니다.

[프로젝트 수업 4일 차]

프로젝트 수업의
핵심 결과물을 완성하다

도입활동 & 탐구질문	▶	지식과 기능(기술) 쌓기	▶	결과물 개발하고 수정하기	▶	결과물 발표하기
1일 차: 80분(1–2차시)		2일 차: 80분(3–4차시)		3일 차: 80분(5–6차시) 4일 차: 80분(7–8차시)		

우리(교사/학생)가 해야 할 일

지식과 기능 쌓기 반복하기

– 완전학습

결과물 개발하고 수정하기

– 개인별 제안하는 글쓰기(수행평가 안내)

– 제안하는 글쓰기 양식 제공

– 채점기준표 제시

– 수행평가 확인하고 채점하기

지식과 기능 쌓기 반복하기 – 완전학습

'결과물 개발하고 수정하기' 두 번째 시간입니다. 처음에는 역시 '지식과 기능 쌓기'로 시작합니다. 지식은 자주하고 반복해야 완전학습이 될 수 있습니다. 또 이렇게 지식을 먼저 배운 후 바로 '결과물 개발하고 수정하기'로 이어가면 학생들은 배운 것을 바로 활용한다는 믿음을 갖게 됩니다. 지식을 아는 것에 그치지 않고, 이를 활용하여 가치 있는 결과물을 만들 수 있다는 확신을 갖게 하는 것이기도 합니다. 이 수업에서는 7부 '한 줄 서기'로 지식을 확인했습니다. 자세한 내용은 역시 7부를 참고하세요.

결과물 개발하고 수정하기

완전학습을 위한 지식과 기능 쌓기 반복이 끝나면 이번 단계에 해당하는 결과물을 개발하고 수정합니다. 여기서는 전 시간에 이어 하면 되겠죠? 학생들이 결과물을 개발하고 수정할 때 교사는 피드백을 줍니다.

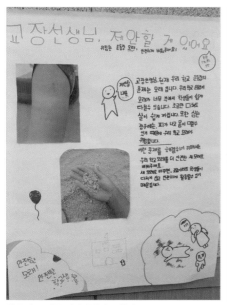
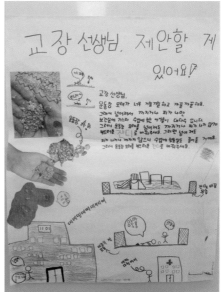

운동장 모래를 개선해달라는 학생들

개인별 제안하는 글쓰기 – '수행평가용'이라는 것을 안내하기

지난 시간에 학생들은 학교의 여러 곳을 돌아다니며 많은 자료를 수집했습니다. 이번 시간에는 그 자료 중 교장 선생님께 제안할 내용을 선택해서 제안하는 글을 쓰라고 합니다. 개인이 쓴 '제안하는 글'은 수행평가로 활용할 것이라는 점을 미리 알려주고, 채점기준표와 교과서 예시작품을 제시합니다. 개인별 글쓰기와 공동 작품(여기서는 프레젠테이션 자료)을 분리하여 실시하면 수행평가를 하기가 쉽습니다.

제안하는 글쓰기 양식 제공

(H2) 제안하는 글쓰기				
4학년 ( )반	이름			
팀 이름				
누구에게 쓸 것인가?		제안하는글에 들어갈 내용	① 문제상황	
			② 제안하는 내용	
			③ 제안하는 까닭	
			④ 제목	
제목:				

채점기준표 제시 – 교과서 확인 후 평가 예시작품으로 활용

학생들에게 채점기준표를 제시하고, 채점기준표에 맞게 제안하는 글을 쓰라고 합니다. 학생들은 채점기준표를 읽고, '매우 잘함'을 받기 위해 기준을 충족하는 글을 쓰려고 할 것입니다. 평가하기 전에 반드시 평가기준과 채점기준표를 미리 제시하고 공유해보세요. 평가의 질이 달라질 것입니다.

이 수업의 경우 채점기준표를 하나의 문장으로 제시하는 것으로는 부족해 교과서에 있는 '제안하는 글'을 예시 답안 자료로 사용했습니다. 프로젝트 수업은 교과서 수업을 하지 않았기 때문에 교과서 예시작품을 그대로 수업 예시작품으로 사용할 수 있습니다. 말 그대로 교과서가 자료로 활용되는 것이지요. 많은 선생님들이 채점기준표나 예시작품을 미리 제시하면 학생들이 획일적으로 쓰지 않을까 걱정합니다. 그러나 교과서 예시작품은 글을 쓰는 형식이나 내용을 확인하는 것에 불과할 뿐 학생들이 쓸 글과는 주제가 다르기 때문에 충분히 가능합니다.

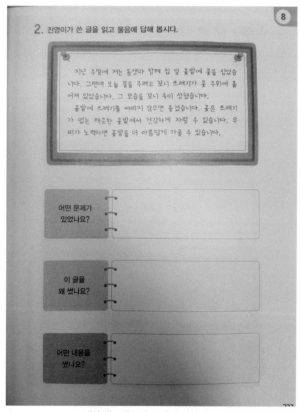

제안하는 글쓰기 교과서 예시 자료

수행평가 확인하고 채점하기

학생들이 교장 선생님께 쓴 제안하는 글

10

프로젝트 수업의 꽃,
학습결과물을 발표하다

도입활동 & 탐구질문	▶	지식과 기능(기술) 쌓기	▶	결과물 개발하고 수정하기	▶	결과물 발표하기
1일 차: 80분(1-2차시)		2일 차: 80분(3-4차시)		3일 차: 80분(5-6차시) 4일 차: 80분(7-8차시)		5일 차: 80분(9-10차시)

우리(교사/학생)가 해야 할 일

개인별 수행평가 결과물 확인 및 피드백

결과물 발표 준비 – 리허설

결과물 발표하기 – 일반 청중 초대하기(교장 선생님)

교장 선생님으로부터 피드백 듣기

수업 성찰하기(학생)

수업 성찰하기(교사)

교육과정 매핑 정리(교사)

- 결과물을 발표하는 방법은 무엇이 있을까 생각해보기
- 프로젝트 주제에 맞는 가장 적합한 발표방법 찾아보기

개인별 수행평가 결과물 확인 및 피드백

학생들이 제출한 수행평가 확인과 피드백을 제공합니다.

결과물 발표 준비 – 리허설

프로젝트 수업의 꽃, 발표 시간이 다가옵니다. 학생들은 그동안 준비한 자료를 점검하며 발표를 준비합니다. 발표 전 리허설에 대한 의견이 다양하죠? 시간이 없다는 이유로 생략하기도 하고, 그다지 중요하다고 생각하지 않는 경우도 많습니다. 그러나 리허설을 했을 때와 하지 않았을 때의 발표회 결과에는 많은 차이가 있습니다. 또 리허설을 하는 동안 자기 스스로를 점검해볼 수 있고, 동료평가도 할 수 있으며, 수많은 피드백이 오가는, 학생들이 많이 성장했다는 것을 느낄 수 있는 소중한 시간이기도 합니다. 과정중심평가의 실질적인 모습을 리허설 시간에 찾아볼 수 있으니 꼭 리허설 시간을 가져보세요.

결과물 발표하기 – 일반 청중 초대하기(교장 선생님)

프로젝트 수업의 꽃은 역시 결과물 발표하기입니다. 프로젝트 수업에서는 무엇보다도 실제성이 중요합니다. 그것이 동기부여도 되고, 프로젝트 수업의 목적이기도 하니까요. 이 프로젝트는 교장 선생님의 미션으로 시작했기 때문에 일반 청중으로 교장 선생님이 오셨습니다. 학생들이 교장 선생님께 제안한 내용도 같이 살펴볼까요?

교장 선생님 앞에서 학교의 문제를 제안하는 학생들

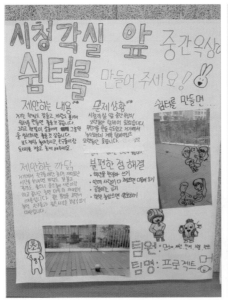
중간 옥상(테라스)를 쉼터로 만들어주세요.

신발털이에 걸려서 넘어진다는 학생들

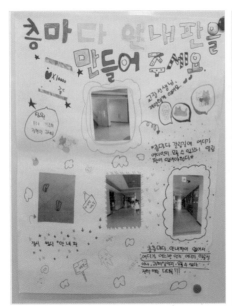
층마다 안내판을 만들어주세요.

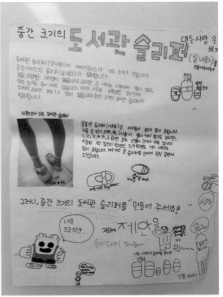
도서관에 다양한 사이즈의 슬리퍼를 준비해주세요.

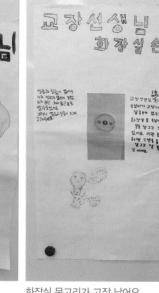

천장에서 물이 새요.　　　　　　화장실 문고리가 고장 났어요.

교장 선생님으로부터 피드백 듣기

　이 프로젝트의 일반 청중은 교장 선생님입니다. 그래서 결과물을 발표할 때 교장 선생님이 오셔서 학생들의 발표 내용을 듣고, 학생들이 제안한 내용에 대해 일일이 설명해주셨습니다. 이 수업에서는 교장 선생님뿐만 아니라 교감 선생님과 담임 선생님까지 오셔서 학생들의 제안을 들어주었습니다. 언제나 그렇지만 결과물 발표 시간이 되면 프로젝트 수업에서 일반 청중이 얼마나 중요한지를 다시 느끼곤 합니다.

　교장 선생님은 학생들의 제안을 듣고 점자블록처럼 즉시 고칠 수 있는 것은 바로 조치했고, 시간과 돈이 필요한 것은 학교의 사정을 자세히 설명하셨습니다. 교장 선생님이 제안을 수용할 때는 환호가, 들어주기 어렵다고 할 때는 실망의 탄식이 나오기도 했습니다.

학생들의 제안에 대해 하나하나 설명해주시는 교장 선생님

수업 성찰하기(학생)

교장 선생님의 피드백이 끝나면 프로젝트를 마무리하는 수업 성찰을 합니다. 학생들과 함께 수업의 전반적인 이야기를 함께 나눕니다.

(L1) 프로젝트 자기 성찰 양식(학생용)	
이 프로젝트에서 여러분이 무엇을 했고 프로젝트를 어떻게 성공적으로 진행시켰는지 자신의 활동을 생각해보고, 오른쪽 칸에 적어보세요.	
학생 이름	
프로젝트 이름	
탐구질문	
자신에 관하여	
프로젝트에서 배운 가장 중요한 것은 무엇입니까?	
시간을 좀 많이 투자했으면 하는 부분, 혹은 좀 다르게 했으면 하는 부분은 무엇입니까?	

프로젝트의 어떤 부분이 가장 잘 되었다고 생각하십니까?	
프로젝트에 관하여	
프로젝트에서 가장 즐거웠던 부분은 무엇입니까?	
프로젝트에서 가장 즐겁지 않았던 부분은 무엇입니까?	
다음 프로젝트가 더 나아지기 위해서 선생님이 어떻게 해주면 좋겠다고 생각합니까?	

출처: 「프로젝트 학습: 초등교사를 위한 안내」, Sara Hallermann 외

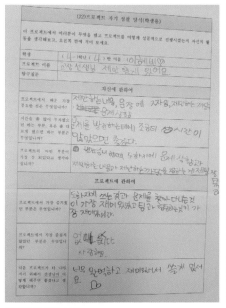 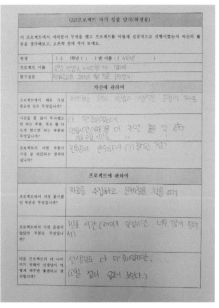

학생들의 자기 성찰

수업 성찰하기(교사)

학생의 자기 성찰이 끝나면 실질적인 수업이 모두 끝납니다. 이제는 마지막으로 교사 성찰이 있습니다.

프로젝트 사후 성찰 양식(교사용)			
프로젝트		날짜	
프로젝트 아이디어,설계와 운영 고려사항		반성	
학생참여			
프로젝트의 전반적인 아이디어			
학생 학습에 대한 전체적인 결과			
프로젝트 과제와 결과물에 대한 적절성			
탐구 질문의 질과 그 활용			
범주: ▶ 소요된 시간 ▶ 관련 과목 수/ 참여한 사람과 단체의 수 ▶ 복잡성 ▶ 장비의 사용			
성취기준의 선택			
21세기에 적합한 학습 기술의 선택		협력, 의사소통 능력, 비판적 사고력, 문제해결력 등	
결과와 수행을 절정화시키기 위한 선택			
도입 활동의 효율성			
평가기준표의 질			
스캐폴딩의 질과 조합, 그리고 학습 활동			
집단에서 활동을 수행해갈 수 있는 학생들의 능력			
탐구 기술을 사용하고 깊게 사고하는 능력			
프로젝트 운영, 학생 코치, 도움 제공에 대한 교사의 능력			
다른 외부인의 참여			
자료의 적절성			

출처: 『프로젝트 학습: 초등교사를 위한 안내』, Sara Hallermann 외

교육과정 매핑 정리(교사)

　프로젝트 수업이 모두 끝나면 지금까지 수업한 것을 바탕으로 교육과정 매핑을 정리하는 시간을 갖습니다. 교육과정 매핑은 수업하기 전, 정확히는 수업 설계 단계에서 하는 일이라고 했으면서 수업이 끝난 후에 또 교육과정을 매핑하라니 이상한가요?

　5부 '교육과정 매핑' 부분을 다시 한번 살펴보세요. 혹시 교육과정 매핑이 너무 꼼꼼하고 완벽해서 나는 저렇게 못 하겠다는 생각이 들지는 않았나요? 사실을 말하자면 처음부터 교육과정 매핑을 그렇게 완벽하게 작성할 수는 없습니다. 실제로 수업을 진행하다 보면 계획과 다르게 흘러가는 게 많습니다. 당황하지 말고 수업 도중에 변경되는 내용을 그때그때 메모해두세요. 그리고 프로젝트가 완전히 끝나면 메모한 내용을 보고 다시 정리합니다.

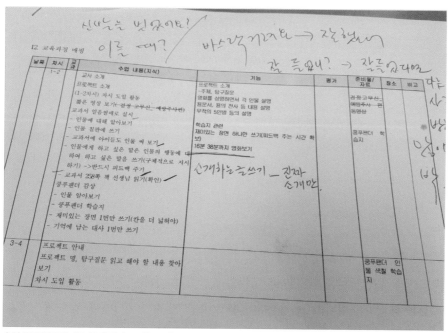

수업 중간중간에 메모한 흔적이 보이는 교육과정 매핑

학생과 수업을 공유하면 힘이 세다

지금까지 수업은 '교사'가 하는 것이라고 생각했습니다. 그런데 어느 날 교사가 모든 것을 준비할 수 없다는 현실을 마주하게 되었습니다. 저는 고민을 시작했고, 많은 시간이 지난 후에야 '수업은 교사와 학생이 공유하고 함께 준비해야 한다'는 너무나 소박하지만 위대한 진리를 깨닫게 되었습니다. 생각을 바꾸자 수업이 다르게 보였습니다. 그동안 보이지 않던 수업의 여러 모습과 방법이 눈에 들어오기 시작하면서 저의 학생중심수업이 시작되었습니다.

수업을 학생과 공유하고 함께 고민하는 것은 생각보다 힘이 셌습니다. 학생과 수업을 공유하자 교실에 변화가 찾아왔습니다. 이제는 학생들도 수업에 대해 고민하는 모습을 보이고, 조금씩 마음을 열기도 합니다. 무기력하게 수업에 참가하던 학생들이 수업에 적극적으로 참여하기 시작하고, 함께하는 법도 알게 되었습니다. 무엇보다 중요한 것은 학생들 역시 수업에 대한 생각이 바뀌었다는 점입니다. 어느새 수업은 교사의 수업도, 학생의 수업도 아닌 '우리'의 수업이 되었습니다.

프로젝트 수업의 탐구질문은 '우리가'로 시작됩니다. 여기서 '우리'는 단순히 '학생'만을 지칭하지 않습니다. 수업의 성공을 위해 응원하고 참가하는 모든 사람들이 '우리'입니다. 학생중심수업은 '우리'의 가치를 확인하는 시간이었습니다.

이 책을 쓰기 위해 기꺼이 '우리'가 되어 주신 분들이 있습니다. 먼저 바쁘실 텐데도 직접 수업에 참여하시고, 언제나 학생들에게 '사랑합니다'를 말해주시는 류재화 교장 선생님께 감사와 존경의 말씀을 드립니다. 교육과정 재구성에 관심이 많아 늘 격려해주시는 이수근 교감 선생님, 감사합니다. 프로젝트 수업의 좋은 자료를 제공해주신 이유진, 김나래, 우수현, 박휘림, 최아영 선생님과 도래울초등학교 모든 선생님들께도 감사의 말씀을 드립니다.

여기에 소개된 수업 하나하나에는 도래울초등학교 학생들의 이야기가 함께하고 있습니다. 항상 '수쌤(수석교사라서), 천만원쌤(초성이 'ㅊㅁㅇ'이라서)'이라고 불러주는 도래울초등학교 학생 여러분, 감사합니다. 또 사랑과 베풂의 의미를 알려주시는 정순재 님, 그리고 조선희, 최그림에게도 고마움을 전합니다. 마지막으로 이 책을 봤다면 누구보다 기뻐해주셨을 최병흡, 이경숙 님께 존경과 감사의 말씀을 드립니다. 감사합니다.

최무연

기획 **홍종남**

"교육의 중심에는 학생이 있어야 합니다. 학생중심수업의 모든 것을 담았습니다."
[행복한 교육학®] 시리즈를 통해 교사의 이야기를 담고자 하였고, 선생님들이 행복한
수업을 할 수 있는 환경이 되었으면 합니다.
'함께하는 교육, 100년의 약속!!'의 캐치프레이즈에 맞는 인문·역사, 교육학·교육서 분
야의 책을 기획하고 있습니다. 〈행복한미래〉 대표이자 출판 기획자로 20년 이상을 책
과 함께 살아가고 있습니다. 『교육과정 콘서트』, 『프로젝트 수업, 배움을 디자인하다』,
『수업은 기획이다』 등의 교육서 책을 기획하였습니다. [행복한 교과서®] 시리즈를 총괄
기획하고 있습니다.